连云港市社会科学基金项目成果(批准号:12LKT44)
江苏省十二五重点专业资助项目(专业代码:050207)

日语名言警句随身听
持ち歩く日本語

（加强篇）

主　　审	福冈昌子　田村恭平　山崎美佳　神田耕太郎
主　　编	赵　平　李　洁　熊玉娟
副主编	张利平　黄　周　韩　琦　刘利音
参　　编	周媛媛　彭明新　赵翛羽　毕鲁杰　石路明　朱　颖　张　辉
	沈　俊　于凌云　赵　妮　赵康英　王洁琳　肖　飒　织本夏子
	惟康洋一　龟川秀子
参　　审	高鹏飞　杨树曾　高田英树　神野未央　龟川秀子　惟康洋一
录　　音	赵翛羽　赵含嫣　惟康洋一　田村恭平　龟川秀子　新井菜摘子
录音编辑	赵　妮　赵　平　张利平　李　洁　赵康英　韩　琦　赵翛羽
插　　图	赵　平　陈颜芳　浦田千晶

中国科学技术大学出版社

内容简介

言语总会在不同的时间或场合赋予人们勇气和希望。作者将在日本教学与生活时收集到的名言警句进行了整理，编写成本套《日语名言警句随身听》。

本套丛书共分3册，本书为其中的"加强篇"。每段名言警句都配有详细的解说和准确的翻译，希望读者能在提高日文表达水平的同时，受到这些名言警句潜移默化的积极影响。

图书在版编目(CIP)数据

日语名言警句随身听.加强篇：日汉对照/赵平,李洁,熊玉娟主编.—合肥：中国科学技术大学出版社,2013.10

ISBN 978-7-312-03227-1

Ⅰ.日… Ⅱ.①赵… ②李… ③熊… Ⅲ.①日语—汉语—对照读物 ②格言—汇编—世界 ③警句—汇编—世界 Ⅳ.H369.4：H

中国版本图书馆 CIP 数据核字(2013)第 196918 号

出版	中国科学技术大学出版社
	安徽省合肥市金寨路 96 号,230026
	http://press.ustc.edu.cn
印刷	中国科学技术大学印刷厂
发行	中国科学技术大学出版社
经销	全国新华书店
开本	710 mm×960 mm　1/16
印张	20.25
字数	319 千
版次	2013 年 10 月第 1 版
印次	2013 年 10 月第 1 次印刷
定价	40.00 元(附光盘 1 张)

本书编审人员

中方：

赵　平	（贵州财经大学、淮海工学院）	石路明	（贵州财经大学）
李　洁	（淮海工学院）	朱　颖	（中国科学技术大学软件学院）
熊玉娟	（淮安生物工程高等职业学校）	张　辉	（江苏科技大学）
张利平	（成都理工大学）	沈　俊	（三江学院）
黄　周	（安徽外国语学院）	于凌云	（江苏科技大学）
韩　琦	（大连大学）	赵　妮	（贵州省测绘局）
刘利音	（贵州财经大学）	赵康英	（江苏大学）
周媛媛	（江苏农林职业技术学院）	王洁琳	（淮海工学院）
彭明新	（吉林华桥外国语学院）	高鹏飞	（苏州大学）
赵儵羽	（天津外国语大学）	杨树增	（常熟理工学院）
毕鲁杰	（江苏农林职业技术学院）		

日方：

福冈昌子	（日本三重大学）	神野未央	（淮海工学院）
田村恭平	（淮海工学院）	龟川秀子	（淮阴师范学院）
山崎美佳	（江苏大学）	惟康洋一	（哈尔滨理工大学）
神田耕太郎	（江苏省三江学院）	肖　飒	（在日华侨）
高田英樹	（日本神户外国语大学）	织本夏子	（日本藤贸易株式会社）

本书录音、录音编辑人员

日方：

惟康洋一	（哈尔滨理工大学）	新井菜摘子	（宿迁青华中学）
田村恭平	（淮海工学院）	龟川秀子	（淮阴师范学院）

中方：

赵　妮	（贵州省测绘局）	赵含嫣	（淮阴师范学院）
赵　平	（贵州财经大学、淮海工学院）	韩　琦	（大连大学）
赵儵羽	（天津外国语大学）	赵康英	（江苏大学）
黄　周	（安徽外国语学院）	顾冬明	（日本大阪市立大学）
张利平	（成都理工大学）	王丽燕	（大阪产业大学）
毕鲁杰	（江苏农林职业技术学院）		

前　　言

　　祝贺各位进入《日语名言警句随身听(加强篇)》的学习。

　　我们相信,经过《日语名言警句随身听(基础篇)》和《日语名言警句随身听(提高篇)》的"洗礼",读者们已经掌握了基础日语的重点语法和重点词汇。于是,我们在《日语名言警句随身听(加强篇)》中,把力量放在内容的打造上。"加强篇"精选出"有名人"以及"无名人"的大量含义深刻又朗朗上口的名言警句,甚至连"建言"也都构成了隽永的警句。种种努力,是希望将本书的阅读快感和获益放大到极致。

　　遵循前两册书"一丝不苟、不留死角;不对参与者负责,仅对读者负责"的原则,我们对本册的把关也是极为严格的:对于来自日本人以外的名言警句,我们逐一对照原文进行处理;每一段日语译文、建言都经过数名日本教授、外教的校对;每一段汉语译文都经过至少5个人的逐字逐句的推敲和把关,对第一、二稿的重译甚至达到一半以上。

　　我们的严谨严格,使得译文的质量有了保证。努力的效果,仅举一例,可窥全豹:

　　「サラリと流してゆかん川の如く、サラリと忘れてゆかん風の如く、サラリと生きてゆかん雲の如く」

　　这一段原文第一稿译作:

　　"如河流般流逝;如风般忘却;如云般活下去。"

　　第二稿译作:

　　"如河流流逝般释然;如风吹过般忘却;如云飘过般活下去。"

　　第三稿译作:

　　"流如长河平缓;忘如微风轻盈;活如云彩飘逸。"

　　以上第一稿和第二稿的译句表面上跟原文对应,实际上内容偏离,原文的"含蓄"甚至"含义"不是被忽略了就是被译走样了,属于不折不扣的误译。类似

的误译在网络上屡见不鲜,毋庸讳言,在我们的第一、二稿中也比比皆是。得益于我们"穷追猛打"般的反复校对,本书彻底杜绝了类似误译,不但保证了不留"错译死角",也尽可能地满足了翻译对"信·达·雅"的要求。其中不少译句已经进入我所在学校的翻译理论与实践课程教案,正活跃在教师与学生的口头,成为他们的"名言警句"。

如果这一套《日语名言警句随身听》不但能成为提高日语阅读与听力能力的好帮手,也能成为帮助读者提高人文素质、激励斗志、磨砺性格、培养情操、陶冶情趣的精神养料,我们将感到欣慰。

最后,借此机会,向每一位热心并认真参与本书编辑、翻译和校对工作的教师和日本朋友表示衷心的感谢!

赵 平

目　次

前言 …………………………………………………………（001）

計画・行動 …………………………………………………（001）

チャンス・夢 ………………………………………………（030）

失敗・成功 …………………………………………………（055）

逆境・困難 …………………………………………………（087）

思考・考え方 ………………………………………………（114）

感謝・幸福 …………………………………………………（159）

能力・仕事 …………………………………………………（183）

人間関係 ……………………………………………………（207）

人間性 ………………………………………………………（238）

人生 …………………………………………………………（255）

その他 ………………………………………………………（288）

計画・行動

「勝つ意欲」はたいして重要ではない。そんなものは、誰もが持ちあわせている。重要なのは、勝つために準備する意欲である。※ボビー・ナイト(1940〜)：バスケットボールコーチ。アメリカ人。

コメント：望んでいることを手にするために、具体的に何をするのかに意識を向けましょう。願望を持ち、気持ちを高めることはもちろん大事なことですが、行動を起こさなければ前には進みません。意欲を行動という目に見える形にしていきましょう。

「目に見える」慣用語，有两种含义。一是表示"一目了然"；二是表示"可以预见结果"。此处为第一种用法。

◇「この一年が勝負。ぜひ目に見える結果を出したい」と彼は思っています。/他想"这一年可是关键，一定要做出有目共睹的成绩来"。

◇敗北は目に見えています。/失败已成定局。

原文翻译

取胜的愿望人人皆有，其实并不那么重要。重要的是拥有准备赢的斗志。※鲍比・奈特(Bobby Knight,1940〜)：篮球教练。美国人。

「いいこと言うな」と思ったら即実行が、僕の信条なのです。なぜなら、今

日できないことは十年たってもできないと思うからです。夢と同じで、そのうち、そのうちと思っていると、十年ぐらいすぐに過ぎてしまいます。※

中村　文昭（なかむらふみあき）(1969～)：有限会社クロフネカンパニー代表取締役。三重県出身。

　コメント：「知恵と工夫で即実行！」を心がけたいものです。「自分にできるかな？」ではなく、「どうすればそれができるか？」と考えることです。まずは「やり方」を考えてみます。それがあなたの未来を切り拓くすべてです。

原文翻译

　　"觉得点子不错即付诸实行"乃我人生信条。为什么呢？因为我认为今日事不今日毕，再给十年也白搭。梦想也是一样，要总是想着"什么时候再做"的话，十年光阴也不过如白驹过隙。※中村文昭（1969～）：黑船有限公司总裁。日本三重县人。

「僕はずっと山に登りたいと思っている。でも明日にしよう」恐らくあなたは永遠に登らないでしょう。※レオ・ブスカーリア(1924～1998)：教育学者。アメリカ人。

　コメント：救いは一歩踏み出すことです。更にもう一歩。そして、絶えずその同じ一歩を繰り返すことです。

原文翻译

　　"我一直都想去登山。不过还是明天去吧！"此言一出，你恐怕就永远不会去攀登了。※利奥・巴斯卡格里亚（Leo F. Buscaglia,1924～1998）：教育学者。美国人。

始めさえすれば、もう八割は成功したのと同じだ。※ウディ・アレン(1935

～）：映画監督。アメリカ人。

コメント：まず、最初の一歩を踏み出すためにエネルギーを注ぎ込みましょう。やってもいないのに、不安になり挑戦することを諦めてしまっている場合は多いですから。

原文翻译

只要开始动手,等于成功八成。※伍迪・艾伦（Woody Allen,1935～）：电影导演。美国人。

60％の見通しで判断ができたら、決断することだ。後は勇気と実行力である。※松下　幸之助（まつしたこうのすけ）（1894～1989）：松下電器産業創業者。和歌山県出身。

コメント：自分のなかに判断し決断する基準を持っておきましょう。100％の見通しが立つまで待っていては、チャンスを逃してしまうかも知れません。野球の試合でも打ちたい球は来ないでしょう。好きな球（たま）を待っていたのでは終わってしまいます。

原文翻译

倘若通过60％的洞察能够判断的话,便可以做决定了。剩下的就是勇气和执行力。※松下幸之助（1894～1989）：松下电器创始人。日本和歌山县人。

一歩一歩をシャクトリ虫のように進んでいく。これが偉大なことへチャレンジする姿勢です。※稲盛和夫（いなもりかずお）（1932～）：京セラ株式会社創業者。鹿児島県出身。

コメント：塵（ちり）も積もれば山となり、蚊も集めれば雷（かみなり）となるでしょう。「ウ

「サギと亀」あまりにも有名な童話ですが、着実に人生を歩んでいきましょう。

解説 跟我来ついてこい

1.「～へチャレンジする」慣用表达，意为"挑战……"。还可以说成「～にチャレンジする」。

　◇私たちは時に、新しいことへチャレンジする前、失敗ばかりが頭に浮かんで、ネガティブになってしまいます。/有时候我们在挑战新事物之前，脑海里浮现的净是失败，从而导致意志消沉。

2.「塵も積もれば山となる」谚语,意为"积少成多""集腋成裘"。

　◇一円でもいいから貯金しますよ。「塵も積もれば山となる」のですからね。/即使1日元我也要存起来的。话说"积少成多"嘛！

3.「蚊も集めれば雷となる」谚语，即"聚蚊成雷"，与「塵も積もれば山となる」含义接近，意为"积少成多"。

　◇「蚊も集めれば雷となる」、つまり、「聚蚊成雷」という言い方があるんじゃないですか。ですから、気を落とさないで、一緒に頑張りましょう。/不是有"蚊多力量大，叫声赛炸雷"，也就是"聚蚊成雷"的说法嘛。所以别泄气，我们共同努力吧。

原文翻译

　　如同尺蠖般一步一步丈量前进，这才是挑战伟业的姿态。※稻盛和夫（1932～）：京都陶瓷株式会社创始人。日本鹿儿岛县人。

自分が積極的に行動してないにもかかわらず、その言い訳をする人が本当に多い。彼らは「時間がなかった」と言うが、そもそも時間とは自分で作るものだ。つまり時間がないのではない。時間の使い方が下手なだけだ。あらゆる工夫を凝らして時間をうまく使うことだ。※落合博満（1953～）：元プロ

野球選手。秋田県出身。

コメント:どんなバカげた考えでも、行動を起こさないと世界は変わりません。行動を起こしたら時間がついてくるものです。

原文翻译

不少人明明自己行动不积极,却找理由推三阻四。这种人常说"没时间",可时间原本是自己挤出来的。也就是说,并非"没时间",仅仅是不善于分配时间而已。重要的是使出浑身解数合理利用时间。※落合博满(1953~):前职业棒球运动员。日本秋田县人。

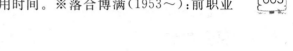

人は現状を見て、なぜこうなのかを問う。私はまだ実現していないことを夢に見て、なぜできないかを問う。※ロバート・ケネディ(1925~1968):政治家、米国35代大統領。

コメント:過去の出来事を分析することは大事だけれど、そこで終わらないようにしましょう。過去から学んだ後に、どんな行動ができるかに未来はかかっていますから。

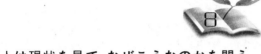

「〜を夢に見る」慣用表達,意为"梦见……"。还可以说成「〜の夢を見る」。

◇マイホームが欲しくて、それを夢にまで見ました。/做梦都想有个自己的家。

原文翻译

人们看到现状时会问:"为何会如此?"而我却梦想着那些尚未实现的事儿,问自己:"为何不能成真?"※罗伯特·肯尼迪(Robert Kennedy,1925~1968):政治家、第35任美国总统。

　自分を向上させることで手一杯(てぃっぱい)で、他人と競(きそ)っている時間がない。※バリー・ボンズ(1964〜)：プロ野球選手。アメリカ人。

　コメント：今の状態からどれだけ向上できるかを、いつも考えて行動していればその結果は必ずついてきます。自分がやれることを確実にやっていきましょう。

原文翻译

　　竭力提升自己,无暇与人攀比。※贝瑞・邦兹(Barry Bonds,1964〜)：职业棒球运动员。美国人。

　私たちは、自分で作った習慣のようにしかならないのだ。勇気ある行動を続けている人は勇敢な人となる。※アリストテレス(紀元前384〜紀元前322)：古代ギリシアの哲学者。スタゲイラ人。

　コメント：勇者の気持ちを味わいたければ、ありったけの気力をふるって、勇者らしく振舞うことです。

 解説
跟我来ついてこい

　　「ありったけ」名詞或副詞,原形为「ありたけ」,口语中常加上促音表示强调。作名词用时意为"所有""一切";做副词用时意为"尽可能"。
　　◇会社を不況から脱出させるために、資金のありったけを注ぎ込んでいます。/为使公司摆脱困境,投入了所有的资金。

原文翻译

　　习惯决定性格。将勇敢的行为坚持到底,即为勇士。※亚里士多德(Aristotle Socrates Onassis,公元前384〜公元前322)：古希腊哲学家。斯塔基拉人

（古希腊斯塔基拉人）。

明日こそ！と七回言うと、一週間になる。来週こそ！と四回言うと、一ヶ月になる。来月こそ！と十二回言うと、一年になる。来年こそ！と数十回言うと、灰になる。※作者不詳。

コメント：「明日があるからいいや」と思って、今日をないがしろにしていませんか？あなたにとって、「本番は今日だけ」であり、今日以外に、本番はないのです！

1.「灰になる」慣用語，有两种含义，一是表示"燃烧殆尽"；二是表示"死后火葬"，喻示"死亡"。此处为后者的用法。

◇その火事で沢山の家屋が灰になってしまいました。/在那场火灾中众多房屋被燃烧殆尽。

◇我々の命は灰になるために生まれてきたものではありません。/我们的生命不是为死而生的。

2.「や」终助词，接在状态性词语之后表示感叹，意为"吧"。多为自言自语或男性在较为随意的场合下使用。常见于关西方言中。

◇好きなようにせぇや。/随便你吧。

原文翻译

七遍"明日"已一周，四回"下周"一月逝。十二"来月"卒一年，数十"明年"一生消。※佚名。

人間は現在持っているものの総和ではない。これから持ちうるものの総和なのだ。※ジャン・ポール・サルトル(1905～1980):哲学者。フランス人。

コメント:今なければ、今から自分のスキルや能力を身につけていきましょう。自分にはないからと諦めるのではなく、将来のために今から動いていきましょう。今動いていることが、何年か後の自分の財産になるはずです。

原文翻译

人,不是他现有一切的总和,而是其未来可能拥有的东西的总和。※让·保罗·萨特(Jean Paul Sartre,1905～1980):哲学家。法国人。

始めたのはいいけれど、いつも三日坊主になる人は三日坊主を月に10回やりましょう。そうすれば、一ヶ月続きます。始めるのは、得意だけれど、なかなか長続きしない人?大丈夫です。また始めればいいのです。やり直しは何度でもできます。※中井俊巳(1959～):作家。鳥取県出身。

コメント:行動に際して、あまりに臆病になったり神経質になることがないように。すべての人生が実験なのです。実験すればするほどうまくいきます。合言葉を「始めること、そしてまた始めること」にしましょう。

原文翻译

有好的开头,却总做"三天和尚"的主儿,试着每个月把这"三天和尚"做十次吧。这样可以坚持一个月。擅长开始却有始无终?没有关系。只要有开始就可以。从头来过,重复何妨?※中井俊巳(1959～):作家。日本鸟取县人。

百知って何もしないより、三知って、その三つを実践するほうがいい。※

大越俊夫(1943〜):教育者。広島県出身。

コメント:いわゆる知識というのは、取り出せて初めて意味があるのです。ですから、どれだけ知っているかではなく、どれだけ実行できたかを重視しましょう。

原文翻译

与其知百不为,不如知三为三。※大越俊夫(1943〜):教育家。日本广岛县人。

時を戻す力なんて、私にはあるわけがなくて、もちろん過去を変える力もない。だけど、その過去をバネにして未来を変える力だけは、みんなが持っている。※作者不詳。

コメント:過去の経験をバネにして自分を磨いていきたいものです。未来は起こるのではありません。過去の経験によって磨かれるのですから。

解説 跟我来ついてこい

「〜をバネにする」慣用表达,表示克服困难或恶劣的条件,意为"以……为动力""克服"。

◇この悔しい気持ちをバネにして,成功するまで頑張り続けていきたいと思います。/我要将此时的不甘心作为动力,一直努力到成功为止。

原文翻译

我不可能有使时光倒流的力量,更不用说有改变过去的力量。但是,把过去作为动力而改变未来的力量,世人皆有。※佚名。

カキクケコの精神

「カ」は感謝することに照れない。

「キ」は緊張感を楽しむ。

「ク」はくつろぐ。

「ケ」は決断力。

「コ」は好奇心を持ち続けること。

※塩月彌栄子(1918〜)：華道・茶道家。京都府出身。

コメント：人間は仕事を通じて成長していかなければなりません。その鍵となるのは好奇心です。常に問題を求め、積極的に疑問を出していく心と頭が必要なのです。

原文翻译

YLXPY 精神

「Y」勇于表达感谢。

「L」乐于享受紧张。

「X」学会及时放松。

「P」培养决断能力。

「Y」永葆年少好奇。

※盐月弥荣子(1918〜)：花道・茶道家。日本京都人。

できると信じるなら、たぶんできるだろう。できないと思ったら、きっとできないだろう。信念は、あなたを発射台から送り出す点火スイッチだ。※デニス・ウェイトリー(1933〜)：能力開発研究家。アメリカ人。

　決心する前に完全な見通しをつけようとする者は決心することができない。※アンリ・フレデリック・アミエル(1821〜1881)：哲学者。スイス人。

　コメント：簡単にできる決心、決断というのは、実際にはほとんどありえません。必ずそこにはリスクや不安がつきまとい、だからこそ勇気が必要になってきます。時間を引き延ばすだけの先送りではなく、勇気を持って決断をしていきましょう。

　「見通しをつける」慣用語，意为"做出预测""估计"。类似的说法还有「見当をつける」。

　◇目的地がたぶんこっちだと見通しをつけると、彼はさっさと歩き出しました。/他估测目的地的大致方向后，就迅速出发了。

原文翻译

　偏执于看清一切后才做决定的人永远无法做出决定。※亨利·弗雷德里克·埃米尔(Henry Frédéric Amiel，1821〜1881)：哲学家。瑞士人。

　毎日、例外なく規則的に繰り返していれば、間違いなく楽しいものになる。すべて習慣とは、このようにして形成されていくものなのである。※ジョン・トッド(生年不明)牧師、著作家。アメリカ人。

　コメント：習慣の力は偉大です。最初は面倒でも、それを習慣にすれば苦痛が軽減します。

原文翻译

每天都一次不落、有规律地重复一件事儿，这事儿肯定会成为乐趣。所有的习惯都是这么养成的。※约翰·托德(John Todd，生年不详)：牧师、作家。美国人。

何を志すにしろ、順序正しく進むことが一番である。これを無視すると、いわゆる豪傑肌に陥り、大言壮語をこととし、日常の些事を顧みなくなる。日常の些事を大切にしないで、どうして物事が成就するのだろう。※安田善次郎(1836〜1921)"安田財閥創始者。富山県出身。

コメント：何事も正道を歩いていきましょう。堂々と胸を張って。そして、感謝と謙虚さを忘れずに。

解説
跟我来ついてこい

1.「豪傑肌」「肌」前接部分名词，构成接尾词。表示具有某种气质或秉性。
　◇武君も天才肌を感じさせる印象的な子供でした。/小武曾经也是个让人感觉很有天才气质的孩子，给人留下了深刻的印象。

2.「大言壮語をこととする」惯用语，按照字面翻译为"把夸海口当回事儿"，即"夸夸其谈"。「〜をこととする」意为"把……当回事儿"。
　◇大言壮語をこととした人はいつかきっと失敗することに決まっています。/夸夸其谈的人总有一天要失败。

原文翻译

无论你将什么作为志向，最好循序渐进。无视这一点，则会将细枝末节弃置不顾，徒有其表、夸夸其谈。小事不入眼，何来大事成？※安田善次郎(1836〜1921)：安田财阀创始人。日本富山县人。

世界とは一冊の本であり、旅に出ない者は同じ頁ばかり読んでいるのだ。

※アウグスティヌス(354～430):古代ローマのキリスト教神学者、哲学者。

コメント:勇気を出して、一歩踏み出しましょう。すると、大きな視野に立って自分を見つめ直すことができます。

解説
跟我来ついてこい

「旅に出る」慣用語,意为"出去旅行"。

◇旅に出る時、「旅は道連れ、世は情け」という諺をよく覚えておいてください。/旅行时要牢记"在家靠父母,出门靠朋友"这句老话。

原文翻译

世界就是一本书,那些不去旅行的人看到的永远是同一页。※奥里留·奥古斯丁(Aurelius Augustinus,354～430):古罗马帝国时期基督教神学家、哲学家。

「不可能」の反対語は「可能」ではない。「挑戦」だ。※ジャッキー・ロビンソン(1919～1972):黒人(こくじん)初のメジャーリーガー。アメリカ人。

コメント:不可能は神が決めます。しかし、不可能を可能にするのは人間の意志のみです。

原文翻译

"不可能"的反义词不是"可能",而是"挑战"。※杰克·罗宾逊(Jackie Robinson,1919～1972):美国职业棒球大联盟史上第一位黑人球员。美国人。

26

恐れてはいけません。暗いものをじっと見つめて、その中から、あなたの参考になるものをお摑みなさい。※夏目漱石(なつめそうせき)(1867～1916):作家。日本江戸(現東京都)出身。

コメント:どんな状況でも、そこから自分の参考になるものを探し出しましょう。何かを探し、求めていれば、それに関係したものが見えてきます。意識しなければ、せっかくあるものも目には入ってきません。

解説 跟我来ついてこい

「目に入る」惯用语,意为"映入眼帘"。

◇何気なく外を眺めていたら、彼女が慌てて走っている姿が目に入りました。/我不经意地望着窗外,忽见她匆忙跑过的身影。

原文翻译

　　别怕! 紧盯黑暗,从中确认可供借鉴之物。※夏目漱石(1867～1916):作家。日本江戸(現東京)人。

27

あなたがすることのほとんどは無意味であるが、それでもしなくてはならない。そうしたことをするのは、世界を変えるためではなく、世界によって自分が変えられないようにするためである。※マハトマ・ガンジー(1869～1948):インド独立の父。インド人。

コメント:無意味と思っても常に一歩前進することを心がけましょう。停止は退歩を意味しますから。まして自分の培ってきた技術と知識、豊富な経験を持って、「常に前進、常に改革」を目指して歩んでいくのが本当のプロフェッショナルですよ。

原文翻译

即便你所做的大部分事情都是无用的,往往也不得不做。因为做那些事不是为了改变世界,而是为了不让世界改变你自己。※莫罕达斯·甘地(Mohandas Gandhi,1869～1948):印度独立之父。印度人。

凡人はただ時間の過ごし方を考えるだけだが、才能のある人は時間を使おうと努力する。※ショーペンハウアー(1788～1860):哲学者。ドイツ人。

コメント:「心ここにあらざる」という時を過ごすほどもったいないことはありません。百年も生きられない短い人生なら、せめて密度は濃くしたいものです。

原文翻译

常人只想到度过时间,能人致力于利用时间。※叔本华(Schopenhauer,1788～1860):哲学家。德国人。

飛ぶことを学んで、それをいつか実現したいと思う者は、まず、立つこと、走ること、よじのぼること、踊ることを学ばなければならない。※ニーチェ(1844～1900):哲学者。ドイツ人。

コメント:願望を実現するために、その基となるステップをきちんと行っていきましょう。地道なことかも知れませんが、現実的で基礎となることをやっていかなくてはただ願望を持っていても叶うことはありません。今できる具体的な行動をしていきましょう。

原文翻译

欲在未来展翅翱翔之人必先学会站立、奔跑、跳跃和舞蹈;谁都不可能一下

就飞起来。※尼采（Friedrich Wilhelm Nietzsche，1844～1900）：哲学家。德国人。

あなたの恐れることをせよ。そうすれば、恐怖は確実に死ぬ。※マーク・トウェイン（1835～1910）：作家。アメリカ人。

コメント：なかなか躊躇（ちゅうちょ）して始められないことを、思い切って始めてみましょう。始めなければ、頭の中にある迷いや不安はいつまでも消えません。そんな迷いは早く打（う）ち消（け）して、前向きに先に進むことを目指していきましょう。

原文翻译

去做你怕做之事，畏惧便无影无踪。※马克・吐温（Mark Twain，1835～1910）：作家。美国人。

偉大な作曲家たちは、意欲が湧（わ）いたから作曲に取り組んだわけではない。取り組んだので意欲が湧いたのだ。※アーネスト・ニューマン（1868～1959）：音楽評論家。イギリス人。

コメント：「言葉」の域（いき）に「想い」が引き上げられて、具体的な行動が伴ったら、比較的早期に言ったことが実現するものです。ここでのポイントは、「想い」と「言葉」の一致。そして「すぐやる」「必ずやる」「できるまでやる」です。「想い」と「言葉」が一致すると、ベクトルが完全に正しい方向を向きます。すると行動はもっとも実（みの）りあるものになるでしょう。

1. 「意欲が湧く」慣用語，意为"激发热情""产生干劲"。
   ◇居心地よい環境にいれば、創作意欲がどんどん湧いてきます。/在舒适的环境下，就会不断产生创作的欲望。
2. 「やる気が出る」慣用語，意为"产生干劲"。
   ◇今すぐやる気が出る方法ベスト10(てん)をご紹介しましょう。/下面我就给大家介绍十大激发干劲的方法。
3. 「～をきっかけに」慣用表达，意为"以……为契机"。还可以说成「～がきっかけで」。
   ◇日本の映画を見たのをきっかけにして、日本に留学しようと思いました。/看了日本电影，由此冒出去日本留学的念头。

原文翻译

伟大的作曲家并不因灵感四溢才专心于作曲，而因专心于作曲才灵感绽放。※欧内斯特·纽曼(Ernest Newman, 1868～1959)：音乐评论家。英国人。

やったことは、たとえ失敗に終わっても、二十年後には、笑い話にできる。しかし、やらなかったことは、二十年後には、後悔するだけだ。※マーク・トゥエイン。

コメント：あなたがほかの人より失敗が多いのであれば、他人より申(もう)し分(ぶん)のない人生を送れるチャンスが十分にある、ということを理解してください。

原文翻译

做了，失败了，20年后也只不过是个笑话。可是，如果没做，20年后就只剩后悔了。※马克·吐温。

　私は「成長」を次のように定義づけています。「成長とは、できないことができるようになること。」できることばかりやっていては、成長しません。※和田一男(1961～):株式会社ブレインパートナ一代表取締役。北海道出身。

　コメント:嫌いなことを好きになるまで頑張る、それは成功です。私が知っている成功者は全て自分に与えられた条件のもとで最善を尽くした人々で、来年になればなんとかなるだろうなどと手をこまねいてはいません。

跟我来ついてこい

　「手をこまねく」慣用語,意为"袖手旁观""束手就擒"。
　　◇このように手をこまねいて死を待つこともあるまい。/決不能这么束手待毙。

原文翻译

　我对成长做了如下定义:"把不会的事儿做到会。"只是一味地做会的事儿,何来成长？※和田一男(1961～):BRAINPARTNER株式会社总裁。日本北海道人。

　恐るべしは「亀の歩み」である。目標を一心に見つめ、一歩ずつ確実に歩き続ければいいのである。※渡辺美樹(1959～):ワタミ株式会社創業者。神奈川県出身。

　コメント:逃げないで、はればれと立ち向かう、それをモットーにしてください。振り向くな、振り向くな。後ろには夢がありません。

原文翻译

令人敬畏的是"龟步"。心无旁骛,一步一个脚印,持续前进就好。※渡边美树(1959～):餐饮连锁巨头"和民公司"创始人。日本神奈川县人。

習慣は木の皮に文字を刻むようなもので、その木の長ずるにつれて文字を拡大する。※サミュエル・スマイルズ(1812～1904):作家。イギリス人。

コメント:たとえ小さなことでも習慣化して続けていけば、それは大きな財産となります。続けることによる価値の増大をイメージできなければ、その時だけの価値で物事を判断してしまいます。時間とともに確実に価値を高める習慣をつけましょう。

原文翻译

习惯就像在树皮上刻字。随着树木生长,字也逐渐放大。※塞缪尔·斯迈尔斯(Samuel Smiles,1812～1904):作家。英国人。

難しいからやろうとしないのではない。やろうとしないから、難しくなるのだ。※セネカ(紀元前1年頃～65):ローマ帝国の哲学者。スペイン人。

コメント:考えすぎて不安や迷いが出る前に、とにかく手をつけ始めてみましょう。やっていくうちに困難なことは必ず出てくるのですから、やりながら改善を繰り返し前に進んでいきましょう。始める前に心配し過ぎていては、いつまでもスタートできません。

原文翻译

非因难而做不了,皆因不做而变难。※塞涅卡(Licius Annaeus Seneca,公元前1年前后～公元65):古罗马哲学家。西班牙人。

　我々は消極的に悪い習慣を捨てようと努力するよりも、むしろ常に良い習慣を養うように心掛けねばならぬ。※カール・ヒルティー(1833～1909)：哲学者。スイス人。

　コメント：良い習慣のほうが、悪い習慣よりも、多くなるように心がけましょう。少しでも良い習慣を増やしていけば、自然と良い方向に意識は傾いてきます。致命的なことでなければ、悪いことより良いことのほうに目を向けましょう。

原文翻译

　与其试图消极地摒弃坏习惯，不如经常留心于培养好习惯。※卡尔・希尔提(Carl Hilty, 1833～1909)：哲学家。瑞士人。

　過去を悔いるな。未来を憂うな。現在にベストを尽くせ。それがあなたの人生を最良にする最善の方法だ。※マット・ローア(1957～)：ジャーナリスト。アメリカ人。

　コメント：「何事も明日、明日と延ばしておく時は、千日たっても用は弁ぜず。事を成さんには、片っ端よりなすべし」と言われるように、あなたの未来は、明日ではなく、今日あなたがすることによって作られるのです。

解説
跟我来ついてこい

　「事を成さんには、片っ端よりなすべし」日本明治时期"农圣"石川理纪之助的名言，意为"要想事竟成，一步一脚印"。其中「ん」是表示推量或意志的助动

词「む」的音便,接在活用词未然形之后,可以表示推测、说话人自身的意志或对别人的劝诱等。文语,此处表示意志。

◇「事を成さんには、片っ端よりなすべし」にもあるように、一日一日を大切に、そして少しずつでも前進していこうと思っております。/正如"要想事竟成,一步一脚印"那样,我要珍惜每一天,循序渐进地奋斗下去。

原文翻译

不后悔过去,不担忧将来,把当下做到最好,这才是让人生达到极致的良方。※马特·罗尔(Mat Lore,1957~):记者。美国人。

必ずできる誓いとか、実行への決意表明は重(おも)たいものです。特に自分との約束という気持ちで今年をすばらしい年にして下さい。苦労はつきものです。理屈通りにはいきません。しかし、人間は誰もが、自分の行きたいところにいける。※松下幸之助。

コメント:もし、自分にできることを全て実行すれば、その結果に文字通りびっくり仰天(ぎょうてん)することでしょう。

「理屈通りにはいかない」惯用表达,意为"不按照常理""不能如愿以偿"。

◇場合によって、こういう需要があるからこういう商品を作れば売れるという理屈通りにはいきません。/某些情况下,按照"有需求就有市场"这样的常理未必行得通。

原文翻译

发誓一定做到,决意付诸实行,都是具备沉重的分量的。那么请跟自己约定,把今年活成精彩的一年吧!艰辛伴随左右,凡事未必如意。然而,无论何人,都能走到他想要到达的目的地。※松下幸之助。

未来って、今できないことの言い訳のような気がする。「いずれやろう」と思うと安心できるでしょ。でも何もしなければ悔いしか残らない。今、何をするか。今、何が欲しいか。常にその場その場で選択していく。今。今。その積み重ねが未来になる。※市川亀治郎（いちかわかめじろう）(1975〜)：歌舞伎役者（かぶきやくしゃ）。東京都出身。

コメント：今できることを一生懸命やります。それだけですよ。その積み重ねが人生なのですからね。

原文翻译

我觉得"未来"像是为当下的无能为力而找的借口。想着"总有一天会做吧"便高枕无忧了。可是，什么都不做只会空留遗憾。现在要做什么？当下想要什么？需在当下就做出选择。现在就做，现在就做，累计起来就是未来。※市川龟治郎(1975〜)：歌舞伎演员。日本东京人。

三十分ぐらいでは何もできないと考えているより、世の中の一番つまらぬことでもする方がまさっている。※ゲーテ(1749〜1832)：詩人。ドイツ人。

コメント：小さなこと、わずかな時間でも、やれることをやっていきましょう。小さなことでも確実にやっていけば、その時はわずかかも知れませんがその積み重ねは大きなものになります。小さくてもいいから前進することを考えましょう。

原文翻译

与其想"区区30分钟，干不了什么事儿"，倒不如利用这点儿时间，做世上哪怕最无聊的事儿也好。※歌德(Johann Wolfgang von Goethe, 1749〜1832)：

诗人。德国人。

　並外れた結果を出すのに、並外れた努力は要らない。ただ、日々の、普通の物事を、完璧にすればいいだけだ。※ウォーレン・バフェット（1930〜）：投資家。アメリカ人。

　コメント：結局、普段からやっていることが、一番強いのです。この差です。ここ一番だけやるのは、弱いのです。要領よく、でなくて、普段からコツコツです。普段からやっていることが、ここ一番に出るのです。無駄になる努力はありません。

原文翻译

　　卓越的成果无需超常的努力。只需把每日的细枝末节都做到完美无缺即可。※沃伦・巴菲特（Warren Buffett,1930〜）：著名投资家。美国人。

　思いは実現する。すばらしい言葉ですね。思うことが、始めの一歩だとしたら、次のステップは、できることから、始めてみる。そして、やり続ける。「人事を尽くして天命を待つ」とは、諦めないこと。それには、やり続けるクセづけが大切なんですね。※船井幸雄（1933〜）：船井総合研究所の創業者。大阪府出身。

　コメント：我思う、故に我できる。強い思いは必ず相手、天に伝わりますから、ノウハウは後付けでも構いません。働くという字が示すとおり、まずは自分が動くことで、すべて歯車が回り出すはずです。

解説 跟我来ついてこい

1.「人事を尽くして天命を待つ」谚语，意为"为事在人，成事在天""尽人事听天命"。

◇選挙戦(せんきょせん)は終わりました。今は「人事を尽くして天命を待つ」の心境です。/竞选大战已经结束，现在我的心态就是"尽人事听天命"。

2.「我思う、故に我できる」改编自法国著名哲学家笛卡尔的名言「我思う、故に我あり」，意为"我想，我就能做"。

◇「我思う、故に我できる」というように、やる気がとても大事ですね。/正如"我想，我就能做"那样，有干劲是非常重要的啊。

原文翻译

"心想事成"这句话意味深长！"想"如果是迈出去的第一步，下一步就是从会做的事情开始做起，而且坚持不懈。"尽人事，听天命"，说的就是不放弃，其中最重要的是养成坚持做的习惯。※船井幸雄（1933～）：船井综合研究所创始人。日本大阪人。

道を開くためには、まず歩(あゆ)まねばならぬ。心を定め、懸命に歩まねばならぬ。それがたとえ遠い道のように思えても、休まず歩む姿からは必ず新たな道がひらけてくる。深い喜びも生まれてくる。※松下幸之助。

コメント：この世で一番大切なことは、自分が「どこ」にいるかということではなく、「どの方向」に向っているか、ということです。

 解説 跟我来ついてこい

1.「道を開く」惯用语，意为"开辟道路""打通路径"。

◇彼は本当にやさしい人で、後進に道を開くために辞職しました。/他

真是个心地善良的人,为了给后来者开辟道路而辞职。

2.「心を定める」惯用语,意为"静下心来""下定决心"。

◇心というものは、常に周りの状況によって左右されやすいものです。ですから、心を定めることは非常に難しいことです。/人的想法常常受到周围环境的影响。所以静心行事很难。

原文翻译

想要开拓道路,必须抬腿迈步。认定目标,竭尽全力。即便觉得是一条漫长的道路,但是只要不停歇地走下去,新的道路必定会展现在眼前。那时,喜悦之情也会油然而生。※松下幸之助。

できない言い訳をしません。やると決めたら、どうしたらできるかだけ毎日考えます。それが不可能を可能にする秘訣であることを知っているからです。※福島正伸(ふくしままさきのぶ)(1958～):株式会社アントレプレナーセンター代表取締役。東京都出身。

コメント:みじめになるか、やる気を出すか、です。何をやらなければならないか、それはあなたが決めることです。できない理由は探さなくても見つかりますよ。できる理由は探さなければ見つかりません。

原文翻译

我从来不找"做不了"的借口。既然决定做,每天就只想着如何做好。因为我知道这是将"不可能"变为"可能"的秘诀。※福島正伸(1958～):Entrepreneur Center Ltd(青年企业家中心)总裁。日本东京人。

我々の計画というのは、目標が定(さだ)かでないから失敗に終わるのだ。どの港へ

向かうのかを知らぬものにとっては、いかなる風も順風たり得ない。※セネカ。

　コメント:目標をハッキリさせれば、そこに集中してエネルギーを傾けられます。いつかどこかに辿(たど)り着(つ)ければいいなという程度の気持ちでは当然達成できる可能性も低くなります。目標が定まっていなければ、集中もできません。

解説
跟我来ついてこい

「たり得ない」慣用語,意为"不可能是……"。其中「たり」是助动词,表示判断,相当于现代日语中的「だ」。「得ない」相当于「できない」。
　◇人間も生物である以上、エゴという点に関しては、この例外たり得ないのでしょう。/既然人类也属于生物,那么在"自私"这一点上也就毫无例外了吧。

原文翻译

　　我们的计划正因为目标不明才会以失败告终。当不知道该驶向哪个港湾的时候,无论何风,均非顺风。※塞涅卡。

ノドが渇(かわ)いていそうな人を見て、「水をお持ちしましょうか」と尋ねるような気配りは、下の下だそうです。本当に気配りができる人は、ノドが渇いていそうな人を見たら黙って水をもってきて、「どうぞ」と差し出すような人だそうです。※弘兼憲史(ひろかねけんし)(1947～):漫画家。山口県出身。
　コメント:聞くより前に、まず動く。できそうで、なかなかできないことです。そんな気配りができる人間を目指したいものです。

原文翻译

　　据说,看见貌似口渴之人,上前询问"给您端杯水吧?"这种关心乃下下之

选。真正懂得关心的人，是看见貌似口渴之人便默默地将水拿来，说声："请吧。"※弘兼宪史(1947～)：漫画家。日本山口县人。

計画は実現しなくても悲観しない。人生100％では疲れるから、僕は80％主義。※斎藤茂太(1916～2006)：精神科医。東京都出身。

コメント：楽観主義者はドーナツを見て、悲観主義者はドーナツの穴を見るそうです。何事も100％目指すのが理想ですが、80％を目指した方が気負うこともなく継続して前に進んでいけるものです。

原文翻译

即使计划未能实现也不要悲观气馁。人生若追求百分百完美就会疲惫不堪。所以我推崇80％主义。※斎藤茂太(1916～2006)：精神卫生专家。日本东京人。

「0から1へ」の距離は「1から1000へ」の距離より大きい。※マーヴィン・トケイヤー(1936～)：教育家。アメリカ生まれのユダヤ人。

コメント：最初の一歩を踏み出すことに、全てのエネルギーをまず集中させましょう。一旦始めてしまえば、試行錯誤をしながらでも前進していけます。どんなに先のことを考えても、最初の一歩がなければ、ただの願望で終わってしまいます。

原文翻译

从"0到1"的距离，大于"1到1000"的距离。※马尔文・托卡耶尔(Marvin Tokayer,1936～)：教育家。出生于美国的犹太人。

チャンス・夢

夢を捨てるってことは希望を捨てるってことだ。希望を失えば、人には何も残らない。※タイガー・ウッズ(1975〜):ゴルファー。アメリカ人。

コメント:希望とは世界の状態ではなく、心の状態です。だから、どんなに辛くても、夢があり、希望があれば乗り越えることができます。

原文翻译

放弃寻梦便是放弃希望。人无希望,唯余虚空。※泰格・伍兹(Tiger Woods,1975〜):高尔夫球手。美国人。

とにかく、強い願いを持ち続けていれば、降ってわいたようにチャンスがやってくるものです。その時、取越し苦労などしないで、躊躇なく勇敢に実行を決心することです。※西堀栄三郎(1903〜1989):登山家、科学者。京都府出身。

コメント:運命を変えたいと思っている人は多いです。でも、本当の自分は変えたくないと思っています。これでは、運命など変わりはしません。自分が「本当に変わりたい」という願いや変える勇気が、運命の扉を開くカギなのです。

解説 跟我来ついてこい

1.「運命を変える」慣用語,意为"改变命运"。

◇いくら自分の運命を変えようと思っても、今までと同じような考え方や生き方をしていたのでは、変わりようがないんです。/如果想法和生活态度还是一成不变的话,不管你多想改变命运都无法实现。

2.「運命の扉を開く」惯用语,意为"打开命运之门"。

　◇運命の扉を開く時は、勇気もいるし、意志も必要だし、自分を信じることも必要ですよ。/在开启命运之门的时候,既需要勇气、意志,也需要自信。

原文翻译

　　总之,怀抱希望,坚持不懈,机会就会不期而至。届时,切勿瞻前顾后,首鼠两端,而要勇敢前行。※西堀荣三郎(1903～1989):登山家、科学家。日本京都人。

　プラスアルファの前進の習慣が身についている人だけが、夢の麓(ふもと)に辿(たど)り着くことができるのです。※エラ・ウィーラー・ウィルコックス(1850～1919):詩人。アメリカ人。

　コメント:物事にはこれで極めたと思っても、必ずその上があります。進歩は現状を否定するところから始まります。人生にもideal(最高)という状態はありません。だからこそ我々は常に改革、常に挑戦の気概を持ち、無限の前進にかけていかなければならないんじゃないですか。

原文翻译

　　再多一点,再好一点,只有养成了这种"+α"式前进习惯之人,才能克服万难,抵达梦想的山脚。※埃拉·惠勒·威尔考克斯(Ella Wheeler Wilcox,1850～1919):诗人。美国人。

ボクは憧れの俳優のタバコを吸うしぐさや格好、髪型、そして、話し方など、何もかもマネして、ダスティン・ホフマンになったんだ。※ダスティン・ホフマン(1937〜):俳優。アメリカ人。

　コメント:自分がなりたい自分を思い浮かべてみます。そのイメージに近い先達(せんだち)がいたらその真似をしてみます。それが、自分の描く理想像への近道かも知れません。

原文翻译

　因为我仰慕他们,所以我全盘模仿那些演员,包括他们抽烟的动作、发式发型以及言谈口吻。于是,达斯汀・霍夫曼就出现了。※达斯汀・霍夫曼(Dustin Hoffman,1937〜):演员。美国人。

　アイデアは、それを一心に求めてさえいれば必ず生まれる。※チャールズ・チャップリン(1889〜1977):俳優。イギリス人。

　コメント:意識しているかどうかで、見えてくることも変わってきます。向上したい、創り出したいという意欲を常に持っていればそれに役立つものも見えてきます。意識を高め視野を広げましょう。

跟我来ついてこい

1.「一心に求める」惯用语,意为"一心一意地追求"。
　◇今の社会では、何かを一心に求めることが、そう簡単にはできません。/在当今社会,想要专注于某事并非那么简单。
2.「視野を広げる」惯用语,意为"拓宽视野"。

◇いろいろな知識を勉強することによって、視野をどんどん広げていきます。/通过学习各种知识来不断拓宽视野。

原文翻译

唯有专心致志，灵光方能闪现。※查尔斯·卓别林(Charles Chaplin, 1889～1977)：演员。英国人。

一方はこれで十分だと考えるが、もう一方はまだ足りないかも知れないと考える。そうしたいわば紙一枚の差が、大きな成果の違いを生む。※松下幸之助。

コメント：成果をあげる人とあげない人の差は、往々にして、才能ではありません。いくつかの習慣的な姿勢と、基礎的な方法を身につけているかどうかの問題です。

「成果をあげる」慣用語，意为"取得成果""获得成就"。类似的说法还有「成果を収める」「成果を得る」。

◇どうすれば仕事で大きな成果があげられるのでしょうか。/怎么做才能在工作上获得巨大成就呢？

原文翻译

或认为得此足矣，或认为得此未足。一字之差，差之千里。※松下幸之助。

あなたの視野を高く持ちなさい。高ければ高いほど良いのです。もっとすばらしいことが起こることを期待しなさい。それも将来のいつかではな

く、今すぐにです。何ごとも良過ぎることはないと知りなさい。どんなことがあろうとも、何ごとにも絶対に、あなたを打ちのめしたり妨害させたりしてはいけません。※アイリーン・キャディ(1917〜2006):作家。エジプト生まれのスコットランド人。

コメント:周りの子はみんな将来Googleで働きたいと言っていました。けれども、私はそこで検索される人になりたいと思っていました。

原文翻译

　　眼界宜高远,愈高愈佳。期待更美好的事物,不寄期望于将来某时,而着眼于现今当下。要知道万事没有最好,只有更好。无论发生何事,都绝对不能被击垮,被干扰。※艾琳・凯迪(Eileen Caddy,1917〜2006):作家。出生于埃及的苏格兰人。

すべての大きな過ちにはいつも中間点となる瞬間があるのだ。その過ちを取り消し、あるいは正すことのできる瞬間が。※パール・バック(1892〜1973):作家。アメリカ人。

コメント:間違っていると思うことは、素直に認めて改めましょう。変なプライドや見栄のために、手遅れにならないようにしましょう。その決断を先延ばしにするほど、事態は更に悪くなります。

 ## 解説
跟我来ついてこい

「手遅れになる」慣用語,意为"耽误"。

　　◇がんも手遅れにさえならなければ治るものです。/只要不耽误,癌症也可以治愈。

原文翻译

任何大错在铸成之前，中途总会有一个可以逆转的瞬间，一个可以消除或弥补这个大错的瞬间。※赛珍珠（Pearl S. Buck, 1892~1973）：作家。美国人。

普通の努力ではチャンスをチャンスと見極められない。熱心の上に熱心であることが見極める眼を開く。※松下幸之助。

コメント：努力は必ず報われます。もし報われない努力があるのならば、それはまだ努力と呼べません。

 解説 跟我来ついてこい

「眼を開く」惯用语，意为"睁开眼睛"，也可用于抽象的用法，意为"获得知识""感悟真理"。

◇夢を見てはいけません。早く眼を開いて、よく真実を見なさい。／别做梦了。快睁大眼好好看看现实吧。

原文翻译

一般的努力可能会让机会从眼皮底下溜走，十二分的投入方能为你打开洞察一切的智慧之目。※松下幸之助。

困難とは、作業着を着たチャンスである。※ヘンリー・J・カイザー（1882~1967）：実業家。アメリカ人。

コメント：人生とは結局、ハードルの連続です。ひと度飛び越えてしまえば、考えていたよりもずっと簡単に見えます。

原文翻译

"困难"是"机遇"的外衣。※亨利·J·凯泽（Henry J. Kaiser, 1882～1967）:实业家。美国人。

絶対勝つと思ったら、勝つ。高く昇(のぼ)ろうと思ったら、高いところを思え。自分に自信を持て。人生の戦いでは、必ずしも強いものと速いものが勝つわけではない。勝つ人間は、たいがい、勝てると思っている人間である。※アーノルド・パーマー（1929～）:プロゴルファー。アメリカ人。

コメント:根拠はどうでもいい。とにかく自分には自信があるんだと考えます。そうすると面白いことに、自信を持っている脳の状態ができ上がってしまうのです。

原文翻译

　　认为必胜，就能取而胜之。想要登高，就得志存高远。要相信自己。人生鏖战，未必都是强者胜快者达。胜者多为坚信必胜之人。※阿诺德·帕尔默（Arnold Palmer, 1929～）:职业高尔夫球手。美国人。

人生は見たり、聞いたり、試したりの三つの知恵でまとまっているが、多くの人は見たり聞いたりばかりで一番重要な「試したり」をほとんどしない。ありふれたことだが失敗と成功は裏腹(うらはら)になっている。みんな失敗を恐れるから成功のチャンスも少ない。※本田宗一郎(ほんだそういちろう)（1906～1991）:本田技研創業者。静岡県出身。

コメント:私たちは消去法(しょうきょほう)でしか学べないのですから、いきなり正解には

たどり着けません。だからこそ、回り道のようですが、さまざまなことを試し、たくさん失敗をして、まるで塗り絵を塗りつぶしていくように、最後に正しいやり方が残るような学習をお勧めしたいと思います。

解説
跟我来ついてこい

「裏腹になる」慣用語，意为"成为对立面""相反"。

◇事実は予想とすっかり裏腹になったので、これからどうすればいいか困っています。/由于事实与预料的完全相反，不知下一步该怎么办才好。

原文翻译

人生由"见之""问之""试之"三大智慧构成。但是多数人仅止于"见之""问之"，而至关紧要的"试之"却几被忽略。失败和成功相辅相成，这是老生常谈。然而大家因为害怕失败而鲜有成功机会。※本田宗一郎(1906～1991)：本田技研创始人。日本静冈县人。

勝負は負けた時から始まる。弱さを知った時、己の成長が始まるんだ。人並みにやっていたら、人並みにしかならない。※神永昭夫(かみながあきお)(1936～1993)：柔道家。宮城県出身。

コメント：人間は負けたら終わりなのではありません。辞めたら終わりなのです。今のあなたは弱いです。でも、地道な努力さえ放棄しなければ、今、あなたの上に現れている能力は氷山(ひょうざん)の一角(いっかく)に過ぎないと断言できましょう。真の能力は、水中(すいちゅう)深く隠されています。

 **解説** 跟我来ついてこい

「～並み」接尾词,接在名词之后,表示"与……相当""跟……一样"。

◇今年の冬は例年並みの寒さですが、風邪を引いた人は例年より多いそうです。/虽然今年的冬天和往年一样冷,但听说感冒的人比往年要多。

原文翻译

较量从失败开始。知己弱小日,便是成长时。凡事与人齐肩,必难高人一头。※神永昭夫(1936～1993):柔道家。日本宫城县人。

change、たった一文字替(か)えればchanceになるんだよ。大丈夫、ちょっとの勇気で変えられるよ。自分を変えれば必ずチャンスは訪れる。※星野富弘(ほしのとみひろ)(1946～):詩人、画家。群馬県出身。

コメント:宿命とは人生の青写真(あおじゃしん)や設計図です。心がけ次第で設計変更できるものです。その設計図を自分の意思と力で実現していくのが運命です。運命は自分で切り開きます。

 解説 跟我来ついてこい

「青写真」名词。意为"蓝图""初步计划"。

◇開発計画は青写真のまま終わってしまいました。/开发计划在初步阶段即告终。

原文翻译

change,仅仅换个字母,就成 chance 了哦。别怕,只需一点儿勇气,就能带来改变。倘若改变自我,机会必然登门。※星野富弘(1946～):诗人、画家。群

马县人。

　私が孤児院にいたとき、食い物をあさっていたときでも自分では世界一の大役者のつもりでいた。※チャールズ・チャップリン。

　コメント：少年の頃の理想主義の中に、人間にとっての真理が潜んでいます。そして少年の頃の理想主義は、何ものにも換えることが出来ない人間の財産でしょう。

　「～つもりでいる」句型，前接体言＋「の」、动词过去时、状态句「ている」、形容词及形容动词的连体形。表示自己一直这么认为，至于他人如何认为或与实际是否相符无关紧要。意为"一直自以为……"。
　◇彼は神経質で、病気でもないのに病気のつもりでいる。/他是个神经质的人，没有病却一直认为自己有病。

原文翻译

　　即使当我生活在孤儿院、因饥饿而四处寻觅食物的时候，我也认为自己是世上最棒的演员。※查尔斯·卓别林。

　結果が出ないとき、どういう自分でいられるか。決して諦めない姿勢が、何かを生み出すきっかけを作る。※イチロー（1973～）：プロ野球選手。愛知県出身。

　コメント：自分に打ち勝つことは勝利のうちで最大のものにしましょう。

原文翻译

　　结果未出之时,如何把握自己的心态?决不言弃的姿态会创造出产生某种结果的契机。※铃木一朗(1973～):职业棒球运动员。日本爱知县人。

　　天が私にあと十年の時を、いや五年の命を与えてくれるなら、本当の絵描きになってみせるものを。※葛飾北斎(1760～1849):浮世絵師。武蔵国(現東京都)出身。

　　コメント:人の夢は尽きないものです。それが生きる原動力となっています。

解説 跟我来ついてこい

1.「～てみせる」句型,前接动词连用形,意为"给……看""做给……看"。
　　◇ファックスの使い方がまだ分からないので、一度やって見せてくれませんか。/我还不清楚传真机的操作方法,你能给我示范一下吗?
2.「～ものを」句型,前接用言、助动词的连体形,将实际上没有做到的事在前项提出来,表示"要是……就好了"的意思。包含一种强烈的不满、指责、遗憾、悔恨的心情。前项常和「ば」「なら」「たら」等条件呼应。可以作为接续词用,也可以作为终助词用。和「のに」用法相似。
　　◇協力してくれてさえいれば、こんな結果にはならなかったものを。/只要助我们一臂之力,结果就不会是这样。
　　◇聞けばすぐ分かるものを、なぜ聞かないのですか。/原本问一问就清楚的事情,为什么不问呢?

原文翻译

　　倘有幸,得苍天再予十载之时,抑或五年之命,吾当示人以货真价实画家之貌。※葛饰北斋(1760～1849):浮世绘画家。武藏国(现东京)人。

チャンス・夢

成功は大抵、成功を探している暇がないほど忙しい人々のもとへやって来る。※ヘンリー・ソロー(1817〜1862):思想家。アメリカ人。

コメント:成功とは行動することで、祈ることではありません。

原文翻译

成功往往垂青于那些忙得无暇探索成功的人们。※亨利・梭罗（Henry Thoreau ,1817〜1862）:思想家。美国人。

明日には一つだけかけがえのない魅力がある。まだ来ていないということだ。※E・M・フォースター(1879〜1970):作家。イギリス人。

コメント:まだ来ていない明日は、今の行動次第で変えていくことができます。明日どうなるかという結果は、今何をするかというきっかけづくりや予防など今の行いにかかっています。明日が楽しみになるように、今動いておきましょう。

原文翻译

明日仅仅具备这样一个无可替代之魅力,那就是还未到来。※爱德华・摩根・福斯特（Edward Morgan Forster,1879〜1970）:作家。英国人。

未知を楽しむエネルギーが心に宿り、「志」を立て、「始めの一歩」を踏み出す力が出さえすれば、私たちの前にはさまざまな可能性が次々と訪れる。

※梅田望夫(1960〜):IT企業経営コンサルタント、ミューズ・アソシエイツ社

長。東京都出身。

コメント：今の条件でできることを毎日、真剣に考えることは大切です。それが五年後、十年後の自分を作るからです。

原文翻译

只要期待未知的能量存于心中,并立下志向,踏出开始的第一步,各种可能性就会接踵而至。※梅田望夫(1960～):IT企业经营顾问、MUSE Associates咨询公司社长。日本东京人。

ビジネスを成功させるためには、夢を抱いてその夢に酔うということがまず必要だ。※稲盛和夫。

コメント：どんな時でも、常にこうなりたいという姿をイメージし続けましょう。そのイメージを持つこと自体が、楽しく期待できるようになればやる気と情熱も湧いてきます。自らを洗脳(せんのう)することで意識を高めていきましょう。

跟我来ついてこい

「夢を抱く」慣用語,意为"怀揣梦想"。
　　◇大きく夢を抱く人はいつか成功を収めることができますから、あなたもよく頑張ってください。/胸有大志的人总会获取成功的,你也好好努力吧。

原文翻译

要想获得事业的成功,必须怀抱梦想并陶醉其中。※稲盛和夫。

自分を嫌いなおまえ、おまえには可能性がある。今の自分に満足していないってことは、自分を変えたいっていう前向きな気持ちの裏返しだからな。

※吉野敬介(よしのけいすけ)(1966〜)：学習塾経営者。神奈川県出身。

コメント：どうしてできないのだろう。どうして失敗したのだろう。私はあなたが目指そうとする姿を知っています。さ、自分の可能性を信じて、また、頑張ってみましょう。

原文翻译

讨厌自己，说明你具有改变自我的可能性。不满于当下的自我，反过来说，恰恰体现了欲改变自己的积极心态。※吉野敬介(1966〜)：补习班经营者。日本神奈川县人。

あらゆる不公平のなかに、チャンスがある。※糸井重里(いといしげさと)(1948〜)：コピーライター、エッセイスト、タレント。群馬県出身。

コメント：満たされていない状況では、それを変えていこうという気持ちが起きます。逆に安定して満足していれば、何か新しいことをやる必要性も小さくなってしまいます。満たされていないと感じることを、チャンスだととらえ動いてみましょう。

原文翻译

一切不公平中，均有机会存在。※糸井重里(1948〜)：撰稿人、随笔作家、艺人。日本群马县人。

困るということは、次の新しい世界を発見する扉である。※トーマス・エジソン(1847～1931):発明家。アメリカ人。

コメント:困った時には、必ずその先にチャンスが隠されています。今まで気がつかなかったことも、その事象(じしょう)が何らかのヒントを与えてくれます。その時の考え方や行動が、その先の可能性を大きく左右します。

 解説
跟我来ついてこい

「ヒントを与える」慣用语，意为"给予提示""启发"。

◇教師の役目とは学生たちにヒントを与えることだそうです。/教师的作用就在于启发学生。

原文翻译

困境就是让你走入新天地的一扇门。※托马斯·爱迪生(Thomas Edison，1847～1931):发明家。美国人。

「いつお前は夢を実現させるつもりか」と師が訪ねたところ、弟子は「機会があればいつでも」と答えた。師はそれを制して曰く、「機会とは、常にそこにあるものだ」。※アントニー・デ・メロ(1931～1987):カトリック神父(しんぷ)。インド出身。

コメント:また「今度」や「次回」という日は永遠に来ないので、「機会があれば」などというあいまいな言葉も使わないでください。なぜなら機会は今だからです。チャンスに出会わない人間は一人もいません。それをチャンスにできなかっただけなのです。

原文翻译

　　师曰："子欲何时实现梦想？"弟子答："倘有机会，随时随地。"师止曰："机会一直在兹。"※安东尼・德・梅勒（Anthony de Mello，1931～1987）：天主教神父。印度人。

　　新しい試みがうまくいくことは半分もない。でもやらないと、自分の世界が固まってしまう。※羽生善治（1970～）：将棋棋士。埼玉県出身。

　　コメント：夢がいつまでも「夢のまま」で、終わっているのはなぜでしょうか？大変厳しいようですが、一言で言うと、「本気になっていないから」だと思います。「本気」であれば当然しているはずのことを、行動に移していないケースが多々あります。

原文翻译

　　新的尝试多半以失败告终。但若不尝试，等于固步自封。※羽生善治（1970～）：象棋职业棋手。日本埼玉县人。

　　もし、二キロ先に夢がいて、毎日、たとえ一メートルというわずかな距離でもそこに近付いている実感があれば、挫折する人なんかいない。努力して歩を進めれば、夢の姿は着実に大きくなり、いつかは必ず辿り着けるからだ。だが、夢は透明な存在であり、人間の目にはその姿は映らない。だから、人間は挫折する。言い換えれば、姿が見えないからこそ、ある日突然叶うのも夢の特徴だ。※大村あつし（1958～）：作家。静岡県出身。

　　コメント：チャンスは摑むもので、夢は叶えるもので、奇跡は起こすものです。コツコツやっていることは、思った以上のスピードで結果が出ます。偶然

ではホンモノは生まれません。だから、今日一日という時間が貴重なのです。

原文翻译

　　假设梦想就在前方一公里处,即便每日前行区区一米,也能切实地感受到正在一点点接近梦想。这样,亦不会有气馁之人。因为只要努力向前迈步,梦想就会逐渐清晰,终有一日必会与之牵手。然而,梦想是一种透明的存在,人眼无法观其形态。因此,人就会遭遇挫折。换句话说,正是因为看不见其形态,所以才会在某一天突然"成形",这也正是梦想的特征。※大村atsushi(1958～):作家。日本静冈县人。

　　五年前は、五百メートル上るのにもフーフー言って、途中で戻って来たりしていました。六十五才だし、もういいかなと思っていた。エベレストに登るという夢を持った途端、人生が変わった。そして、夢を持てば実現できることを改めて知った。※三浦雄一郎。

　　コメント:私たちに夢を追う勇気があれば、すべての夢は実現します。

原文翻译

　　5年前,登500米都会气喘吁吁,中途放弃折返回来。那时候觉得都65了,见好就收吧。然而自打怀抱登上珠峰的梦想以后,人生迥异。再次体会到"拥有梦想就会实现"的道理。※三浦雄一郎。

　　もし自分が間違っていたと素直に認める勇気があるなら、災いを転じて福となすことができる。※デール・カーネギー(1888～1955):教育家、実業家。アメリカ人。

　　コメント:「はい、分かりました」大人になってもこんな素直な言葉を言え

るといいなぁと思います。50歳になりました。子供も成人しました。でも母親からあれこれ言われます。そんな大人でも親は親です。「でも」「そうは言っても」などと話の腰を折らずに、思い切って「はい！分かりました」と言ってみます。「はい、分かりました」返事を大切にすると、親も上司もあれこれ言わなくなります。

1. 「災いを転じて福となす」諺語，意为"转祸为福""转危为安"。
   ◇困難な状況を嘆くより、禍を転じて福となす努力が必要なのです。
   /与其哀叹处境艰难，不如积极进取，转祸为福。
2. 「話の腰を折る」慣用語，意为"打断话头""半中腰插话"。
   ◇黙って聞いてください。人の話の腰を折るのは君の悪い癖ですよ。/别说话，好好听着。你的坏毛病就是喜欢在别人讲话时多嘴。

原文翻译

有坦率认错的勇气，就会因祸得福。※戴尔·卡内基（Dale Carnegie，1888～1955）：教育家、实业家。美国人。

体に年を取らせても、心に年を取らせてはならない。常に青春であらねばならないと、心持ちを養うように努めている。すると、ものの考え方が若々しくなってくる。希望が次々と湧いてくる。※松下幸之助。

コメント：歳月は皮膚の皺を増しますが、情熱を失う時に精神はしぼみ、心の皺が増します。

原文翻译

即便身体衰老，也不可让心态衰老。欲青春永驻，需致力于修身养性。如此，思维方式就会变得充满朝气，希望也会不断涌现。※松下幸之助。

安易(あんい)に近道を選ばず、一歩一歩、一日一日を懸命、真剣、地道に積み重ねていく。夢を現実に変え、思いを成就(じょうじゅ)させるのは、そういう非凡なる凡人なのです。※稲盛和夫。

コメント：本気で思い、本気で念(ねん)じ、そして本気で当たる。そうすれば、「思い」は必ず通じるし、もし仮に、現実が思ったとおりの形で実現しなくとも、その「思い」を表現する別の道が必ず生まれます。

跟我来ついてこい

「（非凡）なる」为助动词「なり」的连体形，前接形容动词词干，相当于「な」的用法。雅语，多用于文章表达。

◇「この1000年間に偉大なる業績をあげた世界の人物100人」では、選ばれた中国人は誰だか知っていますか。/你知道当选"近千年来取得伟大成就的世界百名人物"的中国人是谁吗？

原文翻译

别轻易抄近路。努力、认真、勤恳地走好每一步、过好每一天。将梦想变为现实，将愿望变为成就，这样的平凡即为非凡。※稲盛和夫。

切羽詰(せっぱつ)まった時にこそ、最高の能力を発揮できる。※ビル・ゲイツ(1955～)：マイクロソフト創始者。アメリカ人。

コメント：追(お)い詰(つ)められたときこそ、今までにないチャンスだと考えてみましょう。普段はできなかった見方、発想、考え方、行動も、ピンチで必要に

迫られればやらざるを得なくなります。そのチャンスをつかんで、流れを変えていきましょう。

**解説** 跟我来ついてこい

「流れを変える」慣用語,意为"改变态势""变化潮流"。

◇運の流れを変えるために、来年こそぜひ努力していきたいと思います。/为了时来运转,明年我一定要好好努力。

原文翻译

无路可走时,能力才可发挥到极致。※比尔・盖茨(Bill Gates,1955～):微软创始人。美国人。

本当に物事を成し遂げるためには、成功するまで諦めないことである。やっていくうちに、世の中の情熱が有利に展開(てんかい)していくことだってあるのだから。※松下幸之助。

コメント:常に工夫と改善を考えながら、諦めずに続けていきましょう。何も動かず待っていたのではチャンスは来ません。チャンスが訪れ、それに気がつける状況を、自らの行動で作り出していきましょう。成功させる方法は一つしかありません。当たって砕けろ、とにかくやれ、ということです。

原文翻译

若真想成就一番事业,就要永不言弃,直到成功。因为在你努力的过程中,社会上的热情会成为你的助力。※松下幸之助。

何事においても、大事なのは常日頃からの準備です。チャンスが来てから

準備しても間に合いません。世界的な天才指揮者などが好例です。小沢征爾やカラヤンなど皆大指揮者が倒れて急遽代役を頼まれてデビューしています。※大前研一（1943～）：経営コンサルタント、起業家。福岡県出身。

コメント：チャンスを摑むのも、日々の努力の延長線上にあります。偶然は準備のできていない人を助けません。

原文翻译

无论何事，都贵在平时的准备。机会到来再准备就来不及了。世界级的天才指挥家就是很好的例子。小泽征尔、卡拉扬他们都是在大指挥家倒下后匆忙应召替补而崭露头角的。※大前研一（1943～）：经营顾问、创业者。日本福冈县人。

どんなピンチでも、人生にとって必要、必然、ベストと考えれば意味があることに気づきます。そして、「ピンチのあとにチャンスあり」です。ピンチとチャンスは紙一重なのです。※船井幸雄。

コメント：ピンチこそ最大のチャンスですから、心から「ありがたい」と思って、受け止めましょう。

原文翻译

我发现，对于人生而言，任何危机都是必要的、必然的、弥足珍贵的。如此考虑，危机就有了特别的意义。即"危机身后跟随着机遇"。危机和机遇不过一纸之隔。※船井幸雄。

チャンスは逃すな。まず決断をせよ。石橋を叩くのは、それからである。

※西堀栄三郎。

　コメント：新しいことをやろうと決心する前に、こまごまと調査すればするほど止めておいたほうがいいという結果が出ます。石橋を叩いて安全を確認してから決心しようと思ったら、恐らく永久に石橋は渡れないでしょう。やると決めて、どうしたらできるかを調査しましょう。

原文翻译

　　要抓机会，决断先行。入河在先，摸石在后。※西堀荣三郎。

　できそうもない事をできるようにするからこそ、製品が当たる。そこに飛躍のチャンスがある。できない理由を考える前に、できるための方法をとことん考えぬくのが経営だ。※三井孝昭（みついたかあき）(1921〜2008)：株式会社三井ハイテック創業者。熊本県出身。

　コメント：あなたには、必要な資質（ししつ）も資源も全て与えられています。「できない理由」を探す必要はありません。

解説
跟我来ついてこい

　「〜そうもない」句型，前接动词连用形，表示"发生某事的可能性很小"。
　　◇この仕事は明日までには終わりそうもありません。/这项工作明天不可能完成。

原文翻译

　　只有将不可能变为可能，产品才能打响名号。这个过程中存在着飞跃的机遇。所谓经营，就是在考虑不可能的理由之前，将一切可能性都考虑在内。※三井孝昭(1921〜2008)：三井高科技株式会社创始人。日本熊本县人。

素人だからこそ、玄人には分からない商機が分かる。※小林一三(1873～1957):阪急グループ創業者。山梨県出身。

コメント:人生は将棋のようなものだ。自分の手中にあるものはチャンスではなく、駒の進め方です。

原文翻译

正因为是外行,才知晓内行看不透的商机。※小林一三(1873～1957):阪急集团创始人。日本山梨县人。

大切なのは、寄り道をしても自分が面白いと思ったことを一所懸命すること。やがて一つの道に辿り着くと信じます。※宮田まゆみ(1954～):雅楽奏者。東京都出身。

コメント:面白がってやっている人と、苦労してやっている人と、どっちが勝つでしょうか。やっぱり面白がってやっている人には敵わないでしょう。

原文翻译

重要的是,即便绕道,只要自己觉得有趣,尽可乐此不疲,努力走下去,迟早会抵达一条大道。※宮田mayumi(1954～):雅乐演奏家。日本东京人。

「確率」ではなく、「可能性」にかけろ。みんながビビッて選ばないからこそ、可能性は実はみんなが思っているよりずっと高い。挑戦者以外の自分は

認めるな。確率を取るか、可能性を取るか、結果以前に人間が問われている。

※杉村太郎(すぎむらたろう)(1963〜2011):株式会社ジャパンビジネスラボ代表取締役会長。横浜県出身。

コメント:人間は99.9％同じ遺伝子暗号(いでんしあんごう)を持っています。誰もが自分の花を咲かせる可能性があります。ヤフーやグーグルで調べて満足していないで、実際に世界に出かけて行って勝負してみたらいかがですか。

 解説 跟我来ついてこい

「〜が問われる」可看作惯用语,意为"(秉性/品质)被追问"。

◇責任を問う先に、彼の人格が問われます。/在追究责任之前,他的人格遭到质疑。

原文翻译

重要的是"可能性",而非"概率"。其实正因为他人退缩畏避,不敢出手,可能性才比大家预想的大得多。认定自己就是一名挑战者。取"概率"抑或取"可能性",在出结果之前,拷问你的品性。※杉村太郎(1963〜2011):日本商业训练教室株式会社总裁。日本横滨县人。

人生の戦いは、常に強い人、早い人に歩(ぶ)があるのではない。いずれ早晩、勝利を獲得する人は、「私はできるんだ」と信じている人だ。※ナポレオン・ヒル(1883〜1969):成功哲学の祖。アメリカ人。

コメント:「自信」という字は「自分を信じる」と書きます。自信をつけるということは、結局、どれだけ自分を信じることができるかということです。極端に言えば、天才とは自分を信ずることなのです。

 解説 跟我来ついてこい

「歩がある」慣用語，此处的「歩」读作「ぶ」，意为"占优势""有利"。常写作「分がある」。

◇開発競争なら、技術力に優れた我が社に分があるでしょう。/如果竞争开发的话，我们公司技术实力较强，比较有优势吧。

原文翻译

人生战斗并不常属强者或捷足先登者。那些坚信"我能行"的人，迟早会获得胜利。※拿破仑·希尔（Napoleon Hill, 1883～1969）：成功哲学鼻祖。美国人。

どのような状況に置かれたとしても、夢は自由に描くことができます。諦めない限り、人生に失敗はありません。そもそもピンチは、チャンスなのですから。※福島正伸。

コメント：ギブアップするか、それともこれを大いなる試練ととらえ、更に大きく成長するために与えられたチャンスであると考えるかが、その人の人生を決めます。

原文翻译

无论身处何种境地，都可自由地描绘梦想。只要不放弃，人生便无失败。因为危机原本就是机遇。※福島正伸。

失敗・成功

発明するためには、豊な想像力とゴミの山が必要だ。※トーマス・エジソン。

コメント:自分が知っている範囲だけで生きる者は、想像力を欠く者です。

原文翻译

发明创造,需要丰富的想象力和堆积如山的失败。※托马斯・爱迪生。

大偉業を成し遂げさせるものは体力ではない、耐久力である。元気いっぱいに一日三時間歩けば、七年後には地球を一周できるほどである。※サミュエル・ジョンソン(1709~1784):文学者。イギリス人。

コメント:やりたいことはコツコツと努力すれば、必ずできます。一年二年で何ができます、あせらず怠らず、十年つづけてみましょう、きっとものになります。ものになるかならぬかは、つづくかつづかないかで決まります。

原文翻译

成就伟业,靠的不是体力而是耐力。每天精神抖擞地走上3个小时,7年后相当于环绕地球一周。※塞缪尔・约翰逊(Samuel Johnson,1709~1784):文学家。英国人。

3

敵と戦う時間は短い。自分との戦いこそが明暗を分ける。※王 貞治(1940〜):野球監督。東京都出身。

コメント:自分のコーチになったつもりで、自己マネージメントをしていきましょう。妥協しようと思えばできてしまうというギリギリのラインで、もっと踏ん張ってみましょう。勝負はまずは自分に勝つことです。

「明暗を分ける」谚语,意为"决定成败""决出胜负"。

◇この不況を乗り切れるかどうかが、我が社の明暗を分けることになるでしょう。/能否渡过萧条期,成为决定我公司成败的关键。

真正决定胜负的,不在于与敌手的短暂较量,而在于与自己的较量。※王贞治(1940〜):棒球教练。日本东京人。

4

幸運を望む男よ、お前が三つしか事を為さないのに十の結果を望んでいる間は、幸運は来はしない。幸運を望む男よ、お前が二つ結果を得る為に、十の事を為したら必ず、幸運は来るぞ。※山本 周五郎(1903〜1967):作家。山梨県出身。

コメント:運が良かったというのは、勉強していたということです。仕事でヒット商品を出したり、大きな契約がとれたりというのは、それは運が良かったのではなく、実は準備していたのです。

原文翻译

期待幸运的人呀,若只做三分事却期待十分果,幸运不会降临。期待幸运的人呀,若为了两分果而付出十分力,幸运必定降临。※山本周五郎(1903～1967):作家。日本山梨县人。

失敗?これはうまくいかないということを確認した成功だよ。※トーマス・エジソン。

コメント:歩き続けていれば、思いもよらぬ時に蹴躓(けつまず)くものです。歩かずにじっと座ったままで蹴つまずいた人を、見たことがありません。ですから、障害が訪れることは、前進している証だと前向きにとらえよう。

「思いもよらぬ」慣用語,文语,口语形式是「思いもよらない」。意为"意想不到""出人意料"。

◇まさか息子が一流大学に合格するなんて、思いもよりませんでしたよ。/真没想到我儿子能考上一流大学!

原文翻译

失败?那可是确认了此路不通的成功哦!※托马斯·爱迪生。

怠け者は成功する人より、「できない」という言葉をよく使う。彼らが「できない」という言葉をよく使うのは「できる」というより簡単だからだ。「それはできない」といってしまえば、たとえ本当はそれができても、やらなくてよくなるんだから。※ロバート・キヨサキ(日本名:清崎 徹(きよさきとおる))(1947～):投資

家。日系4世。アメリカ人。

　　コメント：私が後悔することは、しなかったことで、できなかったことではありません。何事も、やらないで後悔するより、やって後悔したほうがいいでしょう。

原文翻译

　　与成功者相比，懒汉常把"不会"挂在嘴边。他们之所以经常说"不会"，是因为这比说"会"更轻松。只要说了"这我不会"，即使会也可以不用做了。※罗伯特·清崎（Robert Kiyosaki，1947～）：投资家。第4代日裔。美国人。

　　チャレンジして失敗を怖れるよりも、何もしないことを怖れろ。※本田宗一郎。

　　コメント：新しいことをやっていいか、迷うとき、やらないで後で悔やんだりするよりも、やってしまって、それがたとえ失敗でも、そのことで悩んだ方がよっぽどいいでしょう。失敗しての悔やみの方が密度が濃く、正しい悩みのような気がします。

原文翻译

　　对无所事事的恐惧胜过对挑战失败的畏惧吧！※本田宗一郎。

　　間違っていましたと認めるのを恥じる必要はない。それは言い換えれば、今日は昨日より賢くなったということなのだから。※アレキサンダー・ポープ(1688～1744)：詩人。イギリス人。

　　コメント：うまくいっているときは問題はありません。でも、いつもうまくいくとは限りません。いや、むしろ、うまくいかないほうが遙かに多いで

す。そこで自信が大切になります。「私はできる」「私は勝てる」といつも思っていることですよ。思うことだけは、いつでもできることですから。

原文翻译

无需羞于承认错误。因为这意味着今天的你比昨天聪明。※亚历山大·蒲柏（Alexander Pope，1688～1744）：诗人。英国人。

他人よりも少しだけよく働き、他人よりも少しだけよく考え、他人よりも少しだけよく気配りができること。このような毎日の積み重ねが、二十年後、三十年後に大きなものとなり、あなたは人生の勝者となる。※本田健(生年不明)アイウエオフィス代表(AIUEO事務所法人)、兵庫県出身。

コメント：成功する人と、そうでない人の差は、紙一重です。成功しない人に熱意がないわけではありません。違いは、粘り強さと忍耐力です。失敗する人は、壁に行き当たった時に、体裁のいい口実を見つけて、努力を止めてしまいます。

1. 「紙一重」名词，意为"微弱的差别"。
   ◇あの二人の力の差は紙一重ですから、どっちがもっと強いかなかなか判断できませんね。/那两个人的力量相差无几,所以无法判断谁更强。
2. 「体裁がいい」惯用语，意为"式样好看""体面"。
   ◇彼の体裁のいいうそはその場で人に暴かれました。/他那冠冕堂皇的假话被人当场拆穿了。

原文翻译

　　工作比别人认真一点，思考比别人深入一点，待人比别人周到一点。如此日积月累，20、30年后便积土成山，你就会成为人生的大赢家。※本田健（生年不详）实业家（AIUEO事务所法人代表）。日本兵库县人。

　　目的地に達しうるかどうかは頭の善し悪しなどにはかかわらない。信じて持続できるものを見つけたか否かのみにかかわる。※堀田善衛（ほったよしえ）(1918～1998)：作家。富山県出身。

　　コメント：社会に出てみると、学校で成績がよかった者が成功しているとは限りません。「偉大な心は目的を持っている。他の心は願いを持っている」というように、目的(夢)を持ち、実現しようと努力し続けた人が成功への道を歩んでいます。

原文翻译

　　能否到达目的地无关聪明与否。关键在于是否找到了坚信不疑且能为之不懈努力的目标。※堀田善卫（1918～1998）：作家。日本富山县人。

　　私の現在が成功と言うのなら、私の過去はみんな失敗が土台作り（どだいづく）をしていることにある。仕事は全部失敗の連続でした。失敗は落胆の原因ではなく、新鮮な刺激である。失敗は成功のプロセスなんだよ。※本田宗一郎。

　　コメント：失敗で落ち込むのは簡単です。でも這い上がるのは難しい。だから、這い上がるのですよ。簡単なほうに流されていると、癖になりますよ。だいたい、運の良い人々とは、強い信念を維持し、数々の犠牲を払い、粘り強い努力を続けて、いわば、無理やりに這い上がってきた人々です。

原文翻译

如果说我现在成功了的话，我的过去则都以失败在打基础。以前的工作全部是一个接一个的失败。不因失败而灰心丧气，而是将其作为新鲜的刺激。失败是成功的必经之路哦！※本田宗一郎。

ある仕事に三度失敗し、それでもまだ諦めないなら、あなたはその道で指導者になれる可能性があると思ってよいでしょう。十回以上失敗して、なお努力が続けられたら、あなたの心には天才が芽生え始めています。※ナポレオン・ヒル。

コメント：失敗したところで止めてしまうから失敗になります。成功するところまで続ければ、それは成功になります。

原文翻译

一件事失败了3次仍不放弃，那么可以认为你有可能成为这个领域的领导者。若失败了10次仍坚持努力的话，那在你的心里，天才之芽开始萌发。※拿破仑・希尔。

諦めない人は、不満や愚痴を言いません。なぜなら、諦めない人は、それらを言ったところで、何も解決できることはないことを知っているからです。※福島正伸。

コメント：困ったことが起きたら、「面白いことが起きた」と言ってみてください。奇跡が起きますから。

原文翻译

永不放弃的人不会牢骚满腹，发泄不满。为什么？是因为他们知道这样做

无济于事。※福岛正伸。

　俺は、何度も何度も失敗した。打ちのめされた。それが、俺の成功した理由さ。※マイケル・ジョーダン(1963〜)：バスケットボール選手。アメリカ人。

　コメント：人は現在の自分の生き方を好きになれて初めて過去の全ての出来事を心から感謝できるようになるものです。ミスや失敗を犯したときの結果については必要以上にこだわることはありません。誰でもミスや失敗はしますし、適度にミスをするほうが健全であるとも思います。

原文翻译

　我嘛，屡屡失败，丢盔弃甲。这就是我成功的原因。※迈克尔・乔丹(Michael Jordan, 1963〜)：篮球运动员。美国人。

　過去から学び、今日のために生き、未来に希望を持て。大切なことは、何も疑問を持たない状態に陥らないことである。※アルベルト・アインシュタイン(1879〜1955)：理論物理学者。ドイツ生まれのユダヤ人、アメリカ籍。

　コメント：なぜだろう、という純闇な問いが、研究の基本的な出発点になります。大切なのは、疑問を持ち続けることです。神聖な好奇心を失ってはなりません。

原文翻译

　学习过去，活在当下，期待未来。重要的是，别失去怀疑一切的追求之心。※阿尔伯特・爱因斯坦(Albert Einstein, 1879〜1955)：理论物理学家。美籍德国犹太裔人。

間違いを犯す自由が含まれていないのであれば、自由は持つに値しない。※マハトマ・ガンジー。

コメント:間違いや失敗を恐れずに、いろんなことにチャレンジしていきましょう。どれだけのことに気づくことができるかという点では、失敗することにも大きな意味がある。気づき、学んだことの量が、将来のために活きてきます。

原文翻译

如果无犯错的自由,自由不值得拥有。※莫罕达斯・甘地。

成功の種を蒔いて行動を刈り取り、行動の種を蒔いて習慣を刈り取り、習慣の種を蒔いて人格を刈り取り、人格の種を蒔いて人生を刈り取る。※スティーブン・R・コヴィー(1932～2012):作家、経営コンサルタント。アメリカ人。

コメント:成功不成功は人格の上になんの価値もありません。そういう標準よりも理想や趣味の標準で価値をつけるのが本当だと思います。

原文翻译

播撒成功的种子收获行动,播撒行动的种子收获习惯,播撒习惯的种子收获人格,播撒人格的种子收获人生。※斯蒂芬・R・科维(Stephen R. Covey, 1932～2012):作家、经营顾问。美国人。

何年も前のことだが、私は金持ち父さんに次のような質問をした。「プロとアマチュアの違いは何ですか?」金持ち父さんはこう答えた。「プロは、ど

れだけにベストを尽くしても、それではまだ足りないということを知っている。プロはいつでも、もっとうまくプレーしたいと思っている」彼はここでちょっと言葉を切って、それから次のように続けた。「『全力を尽くします』とか、『最大限の努力をします』とか、『やってみます』などと言っている人は、結局は何も成しえないで終わってしまう。そもそもそういう言い方が、勝者の言葉ではないからだ」ゴルフであろうと、あるいはお金であろうと大した違いはない。10％の人が常に90％のお金を儲けている。※ロバート・キヨサキ。

　コメント：あたなも「全力を尽くします」とか、「最大限の努力をします」とか、「やってみます」などと、言っていませんか。真の勝者になるべく努力しましょう。努力の成果なんて目には見えませんが、紙一重の薄さも重なれば本の厚さになります。

原文翻译

　　好多年前，我曾这样问一位富爸爸："专业和业余有什么区别？"富爸爸回答道："专业人士懂得无论怎样竭尽全力仍不够的道理。他们在任何时候都想表现得更完美。"稍作停顿，然后他又接着说："什么'竭尽所能'啊，'尽最大努力'啊，'做做看'啊，说这些话的人最终将一事无成。说到底，这些原本就不是胜者的台词。"高尔夫也罢，金钱也罢，没什么太大的区别。10％的人往往能赚到90％的钱。※罗伯特・清崎。

ミスを犯さない人には意思決定などできない。※ウォーレン・バフェット。
　コメント：一回だけでなく、何度も応用できる「考える力」も、失敗から身につけるものです。

原文翻译

不犯错的人无法进行决策。※沃伦・巴菲特。

すべての成功の原因は窓の外（運がよかった）に求め、すべての失敗の原因を鏡の中（自分自身の責任）に求める。※寺田昌嗣（1970～）：株式会社Ｊ・エデュケーション代表。福岡県出身。

コメント：一番いけないのは、失敗することではなく、失敗を「人のせい」にすることです。問題や失敗はすべて「自分のもの」です。「社内の人間関係が悪いので会社を辞めた」、「意地悪な人がいたから仕事がうまくいかない」、「みんなあの人のせいだ」と考えていては、いつまでたっても成長はありません。

原文翻译

所有成功的原因归结于窗外（运气好），所有失败的原因归结于镜中（自身的责任）。※寺田昌嗣（1970～）：Ｊ・教育株式会社法人。日本福冈县人。

漁師の精神を学ばなければいけない。漁師は釣れなければ、狙う魚を変え、道具を変え、場所を変える。いつも同じところにじっとしていて、「魚がないね」と嘆いているだけではダメだ。※飯田 亮（1933～）：セコム株式会社の創業者。東京都出身。

コメント：魚が来るという他力ではなく、自力で魚を探すという主体性の重要性もこの言葉は伝えています。

原文翻译

　　要学习渔夫精神。如果鱼不上钩,就更换渔具,变换场所,去捕别的鱼。总在一个地方死守,叹息"没有鱼呀",又有何用?※饭田亮(1933～):西科姆株式会社创始人。日本东京人。

　　希望を抱いて旅をすることの方が、到着することよりもよいことだ。真の成功とは目的に向かって努力することである。※スティーブンソン(1850～1894):作家。イギリス人。

　　コメント:終着点は重要ではありません。旅の途中で、どれだけ楽しいことをやり遂げているかが大事なんですよ。

原文翻译

　　怀抱希望的旅行比抵达终点更加美好。成功的真正价值在于朝着目标努力的过程。※史蒂文森(Stevenson,1850～1894):作家。英国人。

　　失敗は終わりではない。それを追求していくことによって、始めて失敗に価値が出てくる。失敗は諦めた時に失敗になるのだ。※土光敏夫(どこうとしお)(1896～1988):エンジニア、実業家。岡山県出身。

　　コメント:成功など、いつかすればいいでしょう。そもそもいきなり成功することなど滅多になく、失敗して鍛えられた結果、だんだん確率が上がっていくのです。頑張っていれば、いつか報われます。

原文翻译

　　失败并非结束。不断追求下去,失败的价值才会呈现。失败后的放弃,那才是真正的失败。※土光敏夫(1896～1988):工程师、实业家。日本冈山县人。

 24

一念発起は誰でもする。努力までならみんなする。そこから一歩抜き出るためには、努力の上に辛抱という棒を立てろ。この棒に花が咲く。

※桂小金治(1926〜):落語家、タレント。東京都出身。

コメント:成功とは成功するまで続けることです。辛抱して根気よく努力を続けているうちに、周囲の情勢も変わって、成功への道がひらけてきます。

また、どうしても咲けない時も、誰だってあるでしょう。雨風が強い時、日照り続きで咲けない日、そんな時には無理に咲かなくてもいいです。その代わりに、根を下へ下へと下ろして、根を張るのです。次に咲く花が、より大きく、美しいものとなるために。

「根を下ろす」慣用語,与「根を張る」含义相同,意为"扎根"。
◇政治家への不信感がすでに国民の心の中に根を下しています。/对政治家的不信任感早已深深扎根于民众的心里。

原文翻译

　　决心谁都会下。努力人人会做。要想出类拔萃,就需在努力的躯干中加入坚韧不拔的筋骨。※桂小金治(1926〜):单口相声演员、艺人。日本东京人。

 25

将来を恐れるものは失敗を恐れておのれの活動を制限する。しかし、失敗は成長に続く唯一の機会である。まじめな失敗は、なんら恥ではない。失敗

を恐れる心の中にこそ、恥辱は住む。※ヘンリー・フォード（1863〜1947）：企業家、フォード・モーター創業者。アメリカ人。

　コメント：苦しい？　しかしこれは、神様がくれたプレゼントです。辛い？　しかしこれは、神様がくれたプレゼントです。失敗？　しかし、これも神様がくれたプレゼントですよ。

解説
跟我来ついてこい

　「なんら」副词,常接否定表达,意为"一点也不……""丝毫未……"。
　　◇測定結果によると、今の放射線量は国民の健康になんらの問題もないそうです。/据检测结果,目前的射线量对人们的健康没有丝毫影响。

原文翻译

　　害怕将来的人会畏惧失败而限制自身的活动。但是,失败是得以成长的唯一机会。努力后的失败并非耻辱。耻辱仅存于畏惧失败的心中。※亨利·福特（Henry Ford,1863〜1947）：企业家、福特汽车公司创始人。美国人。

　「囁く」という字がすべてを物語っている。失敗者の耳元では悪魔の囁きが三言聞こえるのだ。「無理だ、できない、止めとけ」それに反して成功者の耳元では天使の囁きが同じく三言聞こえてくる。「できる、やろう、面白い」。
※見山敏（1949〜）：株式会社ソフィアマインド代表取締役。愛媛県出身。

　コメント：何かを望むなら、その事柄を寝ても覚めても、ひたすら想い続けましょう。そうすれば、たとえ、よこしまな思いでも叶えられます。

解説
跟我来ついてこい

　「(止め)とけ」音便现象,「とけ」是「ておけ」的约音。

◇「何もかも任せとけ」と嘯（うそぶ）いたのに、結局何もしませんでした。/明明说了"全交给我办"，最终什么也没做。

原文翻译

「嘯く/耳语」这个汉字告诉我们所有的原理——失败者的耳边传来恶魔的三句耳语："办不到！做不了！放弃吧！"与此相反，成功者的耳边传来天使的三句耳语："能做到！赶紧做！很有趣！"※见山敏（1949〜）：sophiamind 株式会社董事。日本爱媛县人。

人間の目は、失敗して初めて開くものだ。※チェーホフ（1860〜1904）：作家。ロシア人。

コメント：自分の経験から学ぶことに勝（まさ）るものはありません。実際に痛い思いや辛い経験をすれば、そこから学ぶことは大きいです。自分の感情を伴う経験を早く沢山して、成長の糧（かて）としていきましょう。

解説
跟我来ついてこい

「〜に勝る」慣用表达，意为"胜于……""强过……"。

◇「健康は富に勝る」と言われていますから、お体をお大切に。/人说"健康高于财富"，请好好保重身体。

原文翻译

人经历失败后才会心明眼亮。※契诃夫（Chekhov, 1860〜1904）：作家。俄国人。

他人が眠っている間に勉強し、他人が怠けている間に仕事をし、他人が虫のいいことを願っている時に、大きな構想(こうそう)を立てることだ。※ウィリアム・フォード(生年不明)。アメリカ人。

コメント:最初からやりがいのある仕事は、どこを探してもありません。また、世の中にカッコいい仕事なども、存在しないのです。晴れの日も、雨の日も風の日も嵐の日も、知恵を出しながら働き続けることで初めて、「やりがい」が生まれてくるのです。自分の身につけた技術や能力を活かして、新しい道を切り拓(ひら)いていく努力。そして仕事を通じて自分が成長し、育つ実感。その喜びが、働く幸せであり、大きな「やりがい」なのです。

解説
跟我来ついてこい

「虫がいい」慣用語,意为"自私""打如意算盘"。

◇仕事もしないで分け前を主張するなんて、虫のいい男ですね。/他不干活却要求给好处,真是个自私的人。

原文翻译

在别人睡觉的时候学习,在别人偷懒的时候工作,在别人自顾自时构思伟大的设想。※威廉・福特(William Ford,生年不详)。美国人。

批判に対する恐怖というものを感じたことはないだろうか? 失敗に対する批判を恐れる気持ちは、成功したいという願望よりも強いものである。※ナポレオン・ヒル。

コメント:何か大計画を実行しようとする時、横から口を挾(はさ)む者がいても

あまり気にしないことにしましょう。「とても無理だ」と言うのが連中の決まり文句ですから。そういう時こそ努力すべき最善の時です。たとえばりばりの批評家の言うことでも、気にする必要はありません。批評家を称えて銅像(どうぞう)が建てられたためしなどまったくないのですから。

解説 跟我来ついてこい

「口を挾む」慣用語,意为"插嘴"。
　　◇あなたには関係がないことですから、わきから口を挾まないでください。/这事与你毫不相干,就别在旁边插嘴了。

原文翻译
　　对于批评,你有没有感到过恐惧呢?一般而言,对因失败招致的批评的恐惧远远胜过想获得成功的愿望。※拿破仑·希尔。

　　成功するにはどうするか? これは極めて簡単なんです。自分の仕事の創意工夫をすること、今日よりは明日、明日よりはあさってというように、三百六十五日続けていくことです。※稲盛和夫。
　　コメント:常に創意工夫を凝らして仕事に励んでいきたいものです。つまらない仕事はありません。つまらない人間がいるから仕事をつまらなくさせられるのです。

原文翻译
　　怎样才能获得成功?这极其简单。在自己的工作上不断创新。明天胜过今天,后天胜过明天,如此日复一日,三百六十五天持续下去。※稲盛和夫。

31

繋げていく意識があれば、失敗したことも、そこで終わりになりません。次に繋げていくことで、失敗も、活かせるのです。一つ一つを、点でバラバラにするのではなく、全てを、一本の線で、繋げていけばいいのです。失敗は、活かしてナンボなのです。※瑠璃星朝寿(るりぼしともよし)(生年不明)理学療法士。出身地不明。

コメント：目の前に障害が現れた途端、あっさり諦めてしまう人もいれば、何年も失敗と不満の日々が続いても、粘り強く目標を追いかける人もいます。この大きな違いはなんでしょう？それは能力でも忍耐力でもありません。地に足がついているかどうかです。

解説 跟我来ついてこい

1.「バラバラ」副词或形容动词，作副词时表示"颗粒状物体散落的样子、声音"或表示"人三三两两出现"；作形容动词时表示"不规整""零零散散"。
   ◇私は四人兄弟ですけど、今は同じところに住んでおらず、バラバラに生活しています。/我兄弟姊妹四人，但现在并不住在一起，而是各自为生。

2.「地に足がつく」惯用语，意为"沉着镇静""扎实稳重"。
   ◇彼女は地に足が着いている人ですから、この先きっと成功するでしょう。/她是个扎实稳重的人，将来一定会成功的。

原文翻译

如有坚持不懈的意识，即便失败了也不会就此放弃。失败通过坚持而被活用。不是让失败放在那儿成为一个个零散的点，而是将其用一条线串联起来。失败只有在活用中才有意义。※琉璃星朝寿(生年不详)心理疗法师。出生地不详。

　好きなことなら、多少の困難や苦難は乗り越えることができます。つまり、「好きなこと＝苦労しても大丈夫なこと」なのです。苦労しても、挫折することなく継続していくことができる。だからこそ、好きなことをやり続けると、成功する確率が高まるといえるのでしょう。※新田義治（にったよしはる）（1948～）：心理カウンセラー。岡山県出身。

　コメント：成功は幸福のカギではありません。しかし幸福は成功の秘けつです。もしあなたがしていることが好きなことなら、きっと成功を導くことでしょう。

原文翻译

　　做喜欢的事，多少艰难困苦都能克服。也就是说，"喜欢的事儿＝再辛苦也能坚持的事儿"。即便辛苦，也能坚持不懈。所以，可以说，坚持做喜欢的事，成功的机率就会提高。※新田义治（1948～）：心理咨询师。日本冈山县人。

　あなたの人生で何かに失敗したら、失恋でも、試験の不合格でも「今でよかった」と思うことである。何故失敗したかを理解し、賢くなったことで、後のもっと大きな悲劇が避けられたのである。その失敗は、自分の人生でいずれ通らなければならない場所なのである。※加藤諦三（かとうたいぞう）（1938～）：早稲田大学名誉教授。東京都出身。

　コメント：何かに躓いたとき、落胆せずに「今でよかった」と思いましょう。

原文翻译

　　在你的人生中倘若遭遇一些失败，失恋也好，考试不及格也罢，你都要这么想：幸好是现在。因为明白了为何失败，人就会变聪明，之后就能避免发生更大

的悲剧。失败,是你人生中必定要通过的关卡。※加藤谛三(1938~):早稻田大学名誉教授。日本东京人。

サラリーマンに限らず、社会生活において成功するには、その道でエキスパートになることだ。※小林一三。

コメント:あなたは自分で道を見つけてください。さもなければ道を造ってください。

「さもなければ」接续词,文语,相当于现代日语中的「そうでなければ」,意为"要不然""否则"。

　　◇彼は怒っていたのです。さもなければそんなことは言わなかったでしょう。/他生气了,要不然不会说那样的话。

　　不仅工薪阶层,要想在社会生活中获得成功,就得成为那个领域里的专家。※小林一三。

人は、もし大きな成功を願うならば、大きな犠牲を払わなければならない。※ジェームズ・アレン(1864~1912):思想家。イギリス人。

コメント:目標を達成するために、どれだけの覚悟ができるのかを考えてみましょう。その覚悟の大きさが、達成したいという意識の表れでもあります。何かを覚悟する強い意識がなければ、障害を乗り越えるのは容易ではありません。

原文翻译
　　人,若想获得巨大的成功,就得付出巨大的牺牲。※詹姆士・爱伦(James Allen,1864～1912):思想家。英国人。

　　チャレンジしなかったら、成功するかどうかさえ分からない。※フィル・ナイト(1938～):ナイキ創業者。アメリカ人。
　　コメント:考えられる可能性のあること全てを試してみましょう。どうなるかを心配してみても、頭の中で堂々巡りをするだけだ。まず全力を出してやってみてから、その先を考えましょう。

原文翻译
　　不挑战,连会不会成功都无从知晓。※菲尔・奈特(Phil Knight,1938～):耐克创始人。美国人。

　　私達が成功してきたのは大きな問題を解決する方法を見つけ出したからではない。小さな問題をきちんと片付けてきたからだ。※ウォーレン・バフェット。
　　コメント:小さな問題を一つ一つ、何年も何十年も解決していって初めて、才能が出てきます。逆に言うと、気の遠くなるような長期間、ずっとやり続けられなければ、ものにならないということでもあります。

原文翻译
　　我们之所以成功,并不是因为找到了解决重大问题的办法,而是因为有条不紊地处理好了细枝末节。※沃伦・巴菲特。

　本当に転がった者は起き上がるときは何か得をしている。※武者小路実
篤(むしゃのこうじさねあつ)(1885～1976)：作家。東京都出身。

　コメント：なぜ失敗してしまったのかよく反省する人は、もうその失敗か
ら何かを学びとり、すっと歩き出せるものです。

原文翻译

　　跌倒之人在爬起时已经有所获益,事情还真如此！※武者小路实笃(1885～
1976)：作家。日本东京人。

　若かった頃、自分のしたことの十のうち九つは失敗でした。私は失敗者で
終わりたくなかったので人の十倍、仕事をしました。※ジョージ・バーナー
ド・ショウ(1856～1950)：劇作家。イギリス人。

　コメント：成功とは成功するまで続けることです。また、楽天的な性格で
思いついたことをどんどん実行して、十のうち九失敗して一成功する人間の
ほうが、沈黙思考(ちんもくしこう)して一しか試さない人間よりは、よほど成功の確率が高ま
ります。十実行して九失敗する人間は、いい方を変えれば、百実行したら、十
成功する人間なのです。

原文翻译

　　年轻时所做的事十有八九都失败了。但我不想以失败者告终,所以做了比
别人多10倍的工作。※乔治・萧伯纳(George Bernard Shaw,1856～1950)：剧
作家。英国人。

　失敗とは、よりよい方法で再挑戦するすばらしい機会である。※ヘンリー・フォード。

　コメント：失敗しても、そこから学ぶことができれば、次につなげることができます。失敗した理由を振り返ったら、直ぐに次にどう活かせるのかに頭を切り替えましょう。いつまでも失敗した理由ばかり考えていても、次には進めません。

原文翻译

　所谓失败，就是以更好的方法再次挑战的良机。※亨利·福特。

　本当の意味で成功し続ける人たちには、ある共通点があることを発見しました。それは、とにかく「与え好(ず)き」だということ。がむしゃらに成功を追いかけるということよりも、いつも人を喜ばせることを楽しみながら生きているということでした。※永松茂久(ながまつしげひさ)(1974〜)：実業家。大分県出身。

　コメント：あなたが人生でほしいものを手に入れる秘訣は、それを先にほかの人にあげることです。そうすると、ブーメランという狩(か)りの道具のように、自分が放(ほう)り投(な)げたものが、知らないうちに自分の手元に戻ってきます。事業もそうです。事業の原点は、どうしたら売れるかではなく、どうしたら喜んで買ってもらえるかです。人間は、最も多くの人間を喜ばせたものが最も大きく栄えるものです。

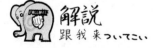

　「がむしゃら」形容动词，意为"鲁莽""不顾一切"，多用于消极表达中。

　◇強敵にただがむしゃらに向かっていっては、けちょんけちょんにやら

れてしまいますよ。/贸然挑战强敌必然被打得惨不忍睹。

原文翻译

我发现真正一直成功的人有一个共同点，那就是"乐于奉献"。也就是说，不是不顾一切地追求成功，而是自己生活的同时，也总期待给别人带来欢乐。

※永松茂久（1974～）：实业家。日本大分县人。

「成功する人の12カ条」VS「失敗する人の12カ条」

①人間的成長を求め続ける	VS	①現状に甘え逃げる
②自信と誇りを持つ	VS	②愚痴っぽく言い訳ばかり
③常に明確な目標を思考	VS	③目標が漠然としている
④他人の幸福に役立ちたい	VS	④自分が傷つくことは回避
⑤良い自己訓練を習慣化	VS	⑤気まぐれで場当たり的
⑥失敗も成功につなげる	VS	⑥失敗を恐れて何もしない
⑦今ここに100％全力(ぜんりょくとうきゅう)投球	VS	⑦どんどん先延ばしにする
⑧自己投資を続ける	VS	⑧途中で投げ出す
⑨何事も信じ行動する	VS	⑨不信感で行動できず
⑩時間を有効活用	VS	⑩時間を主体的に創らない
⑪できる方法を考える	VS	⑪できない理由が先に出る
⑫可能性に挑戦しつづける	VS	⑫不可能だ無理だと考える

※樋口武男(ひぐちたけお)（1938～）：大和(だいわ)ハウス工業株式会社代表取締役会長兼(けん)CEO。兵庫県出身。

コメント：自分自身を省(かえり)みて身につまされる思いがします。確かに何事もうまく行っている時には、知らず知らずに成功者としての思考と行動を取っているものですが、ひと度何か問題が起きた時にはどうしても暗い方向に

考えてしまうのが人間というものです。

しかし、躓き悩み苦しんでいる時にどう考えどう行動するかが成功者とそうでない者との分かれ道なのです。

この幸せになるための考え方を習慣づけることが修行というものかも知れません。

 解説 跟我来ついてこい

1.「～っぽい」接尾词,前接名词或动词连用形构成形容词,意为"有这种感觉或有这种倾向"。

◇三十にもなって、そんなことで怒るなんて子供っぽいですね。/都30岁了,还为这点儿小事生气,太孩子气了。

2.「身につまされる」惯用语,意为"(对别人的辛酸等)感同身受"。

◇病気のことを書いた彼の随筆(ずいひつ)を読んで、すごく身につまされました。/读着他写的患病随笔,我真是感同身受。

原文翻译

成功者12条对决失败者12条

①不断追求人性成长	VS	①满足现状逃避困难
②拥有自信充满自豪	VS	②满腹牢骚寻找借口
③常常思考明确目标	VS	③目标茫然寻无所踪
④希望有助他人幸福	VS	④极力回避受伤可能
⑤惯于训练良好自我	VS	⑤反复无常敷衍了事
⑥善将失败导向成功	VS	⑥畏惧失败无所事事
⑦当下工作全力以赴	VS	⑦拖拖拉拉推三阻四
⑧投资自身完善个人	VS	⑧中途放弃未能到底
⑨凡事做即坚信不疑	VS	⑨万事疑惧束手束脚
⑩有效活用点滴时间	VS	⑩荒废时间不善利用
⑪全力寻找解决方法	VS	⑪消极理由挂在口头
⑫不断挑战各种可能	VS	⑫脑中满是"不可""不行"

※樋口武男（1938～）：大和房屋工业株式会社总裁兼CEO。日本兵库县人。

　　私は、失敗するかも知れないけれども、やってみようというようなことは決してしません。絶対に成功するのだということを、確信してやるのです。何が何でもやるのだ、という意気込みでやるのです。※松下幸之助。

　　コメント：向き不向きを問題にする前に、前向きであるように心がけましょう。体験済みの未来なんか、一つもありません。ダメかどうかは、やってみなければ分からないのです。「前例がないなら、自分が前例になってやる」ぐらいの気構えで、未来を描こうじゃありませんか。

原文翻译

　　我决不做那种"可能失败，但不妨做做看"的尝试。要做就满怀成功的信心去做。要带着那种"兴致勃勃"的劲头去做。※松下幸之助。

　　成功者のひとりごと、「そうしたい。必ずできる。」敗北者のひとりごと、「やらなければならない。でも、できない。」※デニス・ウェイトリー。

　　コメント：成功者とは失敗から多くのことを学び取って、新たに工夫した方法で、再び問題に取り組む人間のことです。

原文翻译

　　成功者的口头禅："想做，定能做到。"失败者的口头禅："得做，但做不到。"※丹尼斯・威特利。

ただの一日は間違いと失敗にすぎぬが、それが積み重なって、ある時期になれば結果や成功がもたらされる。※ゲーテ。

コメント:長期的な視点で見て、成長カーブを描けるようにイメージしてみましょう。長い目で見れば、必ず良い時とそうでない時の変動はあるので、あまり短い期間のことで一喜一憂するのではなく、流れでみていきましょう。

解説
跟我来ついてこい

「長い目で見る」慣用語,意为"从长远看""把目光放远"。

◇彼は努力型（どりょくがた）の人間なので、長い目で見てやってほしいですね。/他是努力类型之人,需期待其将来哦。

原文翻译

一天的错误与失败何足惧？日复一日的累积,会带来硕果与成功。※歌德。

成功のカギが何かは知らないが、失敗のカギは、万人を喜ばせようとすることだ。※ビル・コスビー(1937～):コメディアン、テレビプロデューサー。アメリカ人。

コメント:自分が対象とする分野を絞って、そこにエネルギーを集中させましょう。万人を対象にした特徴のないものでは、その分野に特化（とっか）させたものに勝つことは難しいです。対象にしないところをはっきりさせれば、焦点は絞れてきます。

 解説
跟我来ついてこい

「焦点を絞る」惯用语,意为"聚焦""关注"。

◇君の報告は長すぎます。もっと焦点を絞って説明してください。
/你的报告太长了。再归纳一下要点进行解释吧!

原文翻译

我不知道什么是成功的钥匙,但失败的钥匙是哗众取宠。※比尔·考斯比(Bill Cosby,1937~):喜剧演员、电视制片人。美国人。

万策尽きたと思ったところからことは始まる。必ず道はあるもんや。※松下幸之助。

コメント:苦しいこと、どうしようもないことはあります。でも、そこで人生が終わるわけでないのなら、「自分は運が悪い」とは思わないほうがいいのです。思ったら最後、本当に終わってしまいます。摑める幸運も逃げていってしまいます。本当に運の悪いことが起こってしまったときに、どうすればいいでしょう。それを「よくする」方法は一つしかありません。起こったことが「よかったこと」になるように、その後を生きることです。

 解説
跟我来ついてこい

「~たら最後」句型,表示某事一旦发生,由于其性质或主体的坚强意志所致,以后就总也改变不了其状况。侧重于表示特定的个别事物的具体条件,意为"一旦……就完了"。多用于口语表达。

◇捕まえたら最後、もう逃がしません!/一旦抓住就不会让他跑了!

原文翻译

当感到无计可施时,一切才刚开始。路总会有的。※松下幸之助。

　私たちが真似しなければならないのは、成功者が今やっていることではなく、成功者が成功していく過程でやっていたことのはずです。※午堂登紀雄(1971～):不動産投資コンサルタント。岡山県出身。

　コメント:ごくごく平凡なことを、「そこまでやるか!」というところまで徹底してやります。「そこそこ」やっていては成功しません。

　「そこそこ」副詞,意为"草率行事""马马虎虎"。
　　◇彼女は急用ができたようで、あいさつもそこそこにあわただしく部屋を出ていきました。/她好像有急事,草草打了个招呼就急急忙忙地走出了房间。

原文翻译

　我们必须模仿的理应是成功者在走向成功的过程中曾经做过的一切,而非其现在的行为。※午堂登纪雄(1971～):房地产投资顾问。日本冈山县人。

　いわゆる知識と呼ばれるものと、生きた知恵とは、別ものであって、世の中で事業に成功してゆくのは、後者、すなわち生きた知恵を多くもっている人だといってよいでしょう。※森信三。

　コメント:躓いた時の知恵、失敗から得られた知恵は、人生の宝物です。

原文翻译

　所谓的知识与亲身体验得来的智慧是两码事儿。可以说,世上事业成功者

是后者,即拥有丰富的、通过亲身体验得来的智慧之人。※森信三。

50

他の人があなたの成功を邪魔することは、ほとんどないのです。邪魔をしているのは、大抵自分自身なのです。※中山庸子(なかやまようこ)(1953～):エッセイスト。群馬県出身。

コメント:あなたの成功を邪魔する一番の敵は、あなたの成功を信じられないあなた自身かも知れません。

原文翻译

他人几乎不可能阻挡你的成功。阻挡你成功的多半是你自己。※中山庸子(1953～):随笔作家。日本群马县人。

51

失敗の原因を素直に認識し、「これは非常にいい体験だった。尊い教訓になった」というところまで心を開く人は、後日(ごじつ)進歩し成長する人だと思います。※松下幸之助。

コメント:「5％の成功者」たちに共通する心の質とは、次のようなものです。① 実現が難しそうな「大きな夢」を描く;② 物事に素直に感動し、感激できる;③ 自分の役割にがむしゃらに取り組める;④ 努力を努力と思わない;⑤ 悪い結果は、自分の責任と思う。こういう心を持っている人は、いずれ成功していくそうです。

原文翻译

坦率地认识失败原因,甚至能坦然地接受说:"这是非常棒的经历,是宝贵的教训。"这样的人,日后定会成长进步。※松下幸之助。

52

人間は失敗する権利をもっている。しかし失敗には反省という義務がついてくる。※本田宗一郎。

コメント:「人を取り巻く状況は、その人そのもの」を表していると言えます。だからこそ壁にぶち当たったときは、すべての事象を「これが自分の能力だ」と素直に認め、受け止めて、出直す気持ちが大切です。失敗からの反省で前進のヒントが得られますから。

原文翻译

人有失败的权利,但同时也有对失败进行反省的义务。※本田宗一郎。

53

負けるもんか

頑張っていれば、いつか報われる。持ち続ければ、夢は叶う。そんなのは幻想だ。大抵、努力は報われない。大抵、正義は勝てやしない。大抵、夢は叶わない。そんなこと、現実の世の中ではよくあることだ。けれど、それがどうした?スタートはそこからだ。技術開発は失敗が99%。新しいことをやれば、必ずしくじる。腹が立つ。だから、寝る時間、食う時間を惜しんで、何度でもやる。さあ、昨日までの自分を超えろ。昨日までのHONDAを超えろ。負けるもんか。※HONDAの看板。

コメント:大隈重信(おおくましげのぶ)曰く、「諸君は必ず失敗する。成功があるかも知れませぬけど、成功より失敗が多い。失敗に落胆しなさるな。失敗に打ち勝たねばならぬ」と。大事なのは、負けた経験や挫折感を、後の人生でどう生かすかです。生かすことができれば、負けや失敗は長い人生の中で失敗にならなくなります。むしろ、とても大切な糧にできます。

解説 跟我来ついてこい

「(勝て)や(しない)」,接在动词连用形后,相当于「は」。常跟后续的サ变动词＋否定表现呼应,加强否定该动作的语气。

　　◇こんな草一本生えない所へは誰も来やしないでしょう。/谁都不会来此不毛之地的吧。

原文翻译

岂能言败

　　努力,迟早有回报;坚持,梦想定成真……这些其实不过是幻想。努力,多无回报;正义,难胜邪恶;梦想,终难实现。现实中这种事儿屡见不鲜。即便如此,那又怎样?起跑线就画在脚下!开发新技术,99％会失败。尝试创新,必定受挫,让人气不打一处来。正因如此,才要废寝忘食,周而复始。嗨!超越昨日的自己,超越昨日的本田吧!岂能言败!※本田的告示。

　　世の中のほとんどのことは自分の思い通りにはならないということ、それを肝に銘じることだ。このことがわかると「うまくいかなくても当たり前」、「失敗しても当たり前」「そんなに驚くことじゃない」という考えにもなっていく。※菅野泰蔵(かんのやすぞう)(1953～):東京カウンセリングセンター所長。東京都出身。

　　コメント:「思い通りにならないこと」こそが、この物質世界が持つ最高の価値なのではないでしょうか。

原文翻译

　　世间万事非遂己愿,此当铭记在心。领悟此番道理后便会懂得"不顺也是理所当然之事""失败也无非正常之事""无需大惊小怪"。※菅野泰藏(1953～):东京咨询中心所长。日本东京人。

逆境・困難

凧(たこ)が一番高く上がるのは、風に向かっているときである。風に流されているときではない。※ウィンストン・チャーチル(1874～1965):政治家。イギリス人。

コメント:逆境を乗り越え、大きく飛躍するチャンスを掴みましょう。逆境を乗り越えようと頑張っているときこそ、大きく飛躍するチャンスが到来しているときです。そのチャンスを逃さないように頑張りましょう。

原文翻译

风筝逆风而上时飞得最高。而并非顺风漂流之时。※温斯顿・丘吉尔(Winston Churchill,1874～1965):政治家。英国人。

欠陥に満ちていることは、一つの悪であるが、欠陥に満ちていながら、それを認めようとしないのは、より大きな悪である。※ブレーズ・パスカル(1623～1662):哲学者、思想家、数学者、物理学者。フランス人。

コメント:つくづくおもんぱかるに、短所を素直に認めた上、それを消す極意とは長所を伸ばすに尽きますね。

解説 跟我来ついてこい

「欠陥に満ちる」慣用语,意为"充满缺陷""都是缺点"。

◇連帯保証人って言う制度がなぜ未だにあるんですか。これほど欠陥に満ちた制度はないと思います。/为何连带保证人制度仍然存在呢？我认为没有比这更漏洞百出的制度了。

原文翻译

浑身缺点已是件坏事儿,浑身缺点还不愿承认则坏上加坏。※布莱士·帕斯卡尔(Blaise Pascal,1623～1662):哲学家、思想家、数学家、物理学家。法国人。

どんな機械でも同じだが、具合が悪くなった時に、無理やり油を注いでも効果はない。悪くなった油を全部出してしまうのが先だ。※トーマス・エジソン。

コメント:小手先の修正ばかりでその場しのぎを繰り返していても、根本的な部分はいつまでも解決しません。悪い部分は全て出し切って、気持ちを入れ替えてみましょう。

原文翻译

任何机器都是这样,出现故障时一味上润滑油是无效的。首先应该将变质的油全部取出。※托马斯·爱迪生。

金を失っても気にするな。名誉を失っても、まだ大丈夫。でも、勇気を失ってしまったら全て終わりだ。※ウィンストン・チャーチル。

コメント:諦めずに何度でもチャレンジし続けましょう。失ってしまったものを悔やんで過去に目を向けるのではなく、早く気持ちを切り替えて、これから築き上げる未来に目を向けていきましょう。

原文翻译

失去金钱,无足挂齿。失去名誉,尚可无惧。失去勇气,万事皆休。※温斯顿·丘吉尔。

大切なのは、「何を見出したか」ではなく、「都合の悪い状況に直面したとき、そこから目を逸らすのではなく、じっと見据えて、そのネガティブな状況の中から、ポジティブな何かを発見しようとする努力する姿勢」なのです。

※石井裕之(いしい ひろゆき)(1963〜):セラピスト。東京都出身。

コメント:我々が直面している問題には、教科書に書いてあるような答えはありません。私たちは自分達の教科書を毎日書かなくてはなりません。なら、どんなことからも、ポジティブな何かを発見して書いていきましょう。

跟我来ついてこい

「目を逸らす」慣用語,意为"移开视线""回避"。

◇現実から眼を逸らしてはいけませんよ。それは何も解決できませんから。/可别逃避现实哦。那样解决不了任何问题。

原文翻译

重要的并非"发现了什么",而是保持这样一种姿态,即面对不利情况时,不躲闪回避,宜凝神观察,努力从消极状况中发现积极因素。※石井裕之(1963〜):心理治疗专家。日本东京人。

まず、悪いことに耐え、続いてそれを理解し、それから学ぶことです。※ジェームズ・アレン(1864〜1912):哲学者。イギリス人。

コメント:あなたが四十歳、五十歳になったとき会社が傾くことも十分ありえます。そのとき、慌ててももう遅いです。今のうちに自分自身に投資してしっかり学び、自己成長をめざすべきです。そうしないと、会社の看板を失ったとき、誰もあなたを相手にしてくれなくなるでしょう。

解説 跟我来ついてこい

「会社が傾く」慣用語,意为"公司衰败""破产"。

◇日本の場合、バブル経済が崩壊した時、不動産に携わった会社が次々と傾いていきました。/在日本泡沫经济崩溃时,从事房地产的公司纷纷倒闭。

原文翻译

对坏事儿,首先要忍耐,继而理解,然后学习。※詹姆斯・爱伦(James Allen,1864～1912):哲学家。英国人。

志さえ失わなければ、困難や問題は全て新たな発展の契機(けいき)として生かすことができる。※松下幸之助。

コメント:志がしっかりしていれば、困難によって気持ちが揺らぐことも少なくなります。目標がしっかりしていれば、多少の困難は一つの通過点(つうかてん)に過ぎないと考えることができます。まず基盤となる志、軸(じく)をしっかり持ちましょう。

原文翻译

只要矢志不渝,困境、难题都将转化为全新的发展契机。※松下幸之助。

　束縛があるからこそ私は飛べるのだ。悲しみがあるからこそ高く舞い上がれるのだ。逆境があるからこそ私は走れるのだ。涙があるからこそ私は前へ進めるのだ。※マハトマ・ガンジー。

　コメント：しみじみ、人生は「困難が前提」で、それを乗り越えることが「生きる」こと、と知りました。

原文翻译

　　有束缚才有展翅。有悲伤才有飞扬。有逆境才有迅奔。有流泪才有前行。※莫罕达斯·甘地。

　すべての逆境、失敗、不幸な体験はいずれも不運に見えるが、実際には幸運になりうる。なぜなら、それらには不運と同等以上の幸運の種子が内包されているからである。※ナポレオン・ヒル。

　コメント：人間はあえて自分自身に負荷をかけるということがなかなかできないから、自然の何かが、気づけ！学べ！そして賢くなれ！とばかりに、負荷をかけてくるのでしょうか。

解説
跟我来ついてこい

　「とばかり（に）」句型，书面语。前接短句，意为"仿佛要说……"。用于看上去对方要那样说的场合。

　　◇もう二度と来るなとばかりに私の目の前でピシャッと戸を閉めました。/他仿佛在说"你别再来了"，在我面前砰的一声关上了门。

原文翻译

　　所有的逆境、失败、不幸的经历看上去都是"厄运"，实际上都能转化成幸

运。因为在它们当中孕育着幸运的种子，比包含的厄运种子还要多。※拿破仑·希尔。

苦悩というものは前進したいって思いがあって、それを乗り越えられる可能性のある人にしか訪れない。だから苦悩とは飛躍なんです。※イチロー。

コメント：楽とは、辛いことから逃げて得られるものです。一方の、楽しいとは、辛いことを乗り越えてこそ、得られるものです。

原文翻译

苦恼只青睐想要前进且有可能战胜它的人。所以苦恼就是飞跃。※铃木一朗。

逆境を怖れない。逆境にひるまない。逆境にとらわれない。この三つができれば、逆境はもはや逆境ではない。むしろ逆境を超えるチャンスと言っても過言(かん)ではない。※川北義則(かわきたよしのり)(1935〜)：生活経済評論家。大阪府出身。

コメント：逆境に「怖れず、ひるまず、とらわれず」前を見て、淡々と進んでいきたいものです。

「〜と言っても過言ではない」句型，书面语。前接简体句，意为"那样说也不为过"，用于加强述说主张。可以用「言い過ぎ」替代「過言」。

◇成功はすべて小野さんのおかげだといっても過言ではありません。/ 多亏了小野才获得成功，这么说也绝不过分。

原文翻译

面对逆境，不畏惧，不退缩，不受其制约。做到这三点，逆境便已不是逆境，说它是战胜逆境的良机都不为过。※川北义则（1935～）：生活经济评论家。日本大阪人。

苦難は大抵未来の幸福を意味し、それを準備してくれるものである。※カール・ヒルティー。

コメント：困難は、考えること、行動することができるようになるきっかけになります。苦しい時にこそ、頭をフル回転させて何ができるかを考え、そして迷わず行動に移していきましょう。ピンチをチャンスに自ら変えていきましょう。

原文翻译

苦难大都预示着未来的幸福，它为幸福做准备而来。※卡尔·希尔提。

勇気を失うな。唇に歌を持て。心に太陽を持て。※ツェーザル・フライシュレン（1864～1920）：詩人。ドイツ人。

コメント：風の強い日を選んで走りましょう。どんな逆境においても、明るく前向きに生きていきましょう。辛いときは、歌でも歌って暗い気持ちを吹き飛ばしてみましょう。

原文翻译

勿失勇气。唇留歌声。胸怀朝阳。※歇沙尔·佛莱歇伦（Cäsar Flaischlen, 1864～1920）：诗人。德国人。

するべきことを先に延ばすのは、もっとも情けない自己防衛である。※パーキンソン(1909〜1993)：歴史学者。イギリス人。

コメント：先延ばしをしないで、今すぐ取り掛かる習慣をつけていきましょう。「すぐやる」「必ずやる」「できるまでやる」という、常に前向きな姿勢を持ってこそ、すばらしい成果が待っています。

原文翻译

拖延该做之事是最可悲的自我防卫。※诺斯科特・巴金森（Northcote Parkinson,1909～1993）：历史学家。英国人。

過去にしがみついて前進するのは、鉄球(てっきゅう)のついた鎖(くさり)を引きずって歩くようなものだ。※ヘンリー・ミラー(1891〜1980)：作家。アメリカ人。

コメント：昔どうだったかではなく、今何ができているのかを基準に考えましょう。過去に起きた良いことも悪いことも、教訓として活かして今に役立てましょう。起きたことではなく、そこから何が学べたかを中心に考えてみましょう。

原文翻译

无法与过去断绝的前进,如同拖着带有铁球的脚锁链蹒跚而行。※亨利・米勒（Henry Miller,1891～1980）：作家。美国人。

逆境はそれまで開いたことのない魂の目を開いてくれる。※メーテルリンク(1862〜1949)：詩人、作家。ベルギー人。

コメント:逆境は、真剣にならざるを得ないというチャンスを与えてくれます。本当の危機感があれば、今までにないスピードと集中力で頭を働かせ行動を起こすことができます。逆境というピンチをチャンスに変えていきましょう。

原文翻译

逆境将为你打开未曾开启的灵魂之眼。※莫里斯・梅特林克（Maurice Maeterlinck，1862～1949）：诗人、作家。比利时人。

「完璧」という名のバスを待って、多くの失望した人たちが取り残されて街角(まちかど)にたたずんでいる。※ドナルド・ケネディ(1931～)：教育者。アメリカ人。

コメント:待っていては駄目です。「完璧なタイミング」など永遠に来ません。考えながら、動きながら、完成度を高めていくようにしましょう。

原文翻译

不少人失望地伫立街头，等那辆名叫"完美"的巴士。※唐纳德・肯尼迪（Donald Kennedy，1931～）：教育家。美国人。

問題にはいろいろな種類がありますが、それに対する態度は二つだけですね。問題があるから「もう駄目だ」と思うか、問題は「乗り越えられる」と思うかです。※作者不詳。

コメント:自分で乗り越えられない問題は、神はあなたに与えません。

原文翻译

问题各式各样，对待问题的态度却只有两种：问题出现后，或束手无策，或

寻求超越。※佚名。

　　本当に危険なのは、何もしないことだ。※デニス・ウェイトリー。

　　コメント：考えてばかりいて、動けなくなるサイクルに陥らないようにしましょう。あれこれと考えすぎると、逆に小さなことまで気になり過ぎてしまう。思い切って決断して、今すぐできることから確実に始めていきましょう。

原文翻译

　　什么都不做，才是真正的危险。※丹尼斯・威特利。

　　発見の最大の障害は無知ではない。知っていると思い違いすることである。※ダニエル・J・ブーアスティン(1914〜2004)：歴史学者。アメリカ人。

　　コメント：知っていないことを、知ることです。ほとんどの人は、「知っている」と思っているのです。本当は、「知らない」のです。これに、気づくことです。「自分は、全然知っていなかった」このことを知ることです。やっかいなのは、何も知らないことではありません。実際は知らないのに、知っていると思い込んでいることです。

原文翻译

　　发现的最大障碍并非无知，而是误认为已知。※丹尼尔・乔瑟夫・布斯汀(Daniel Joseph Boorstin，1914〜2004)：历史学家。美国人。

行き詰りは展開の一歩である。※吉川英治(よしかわえいじ)(1892〜1962):作家。神奈川県出身。

コメント:行き詰れば、そこで必死になって考え、行動を起こします。何も障害がなければ、大抵の人はそこまでなかなか真剣になれません。行き詰ったときこそ、自分を変えるチャンスだと考えていきましょう。

僵局实为转机。※吉川英治(1892〜1962):作家。日本神奈川县人。

どうせ生きているからには、苦しいのは当たり前だと思え。※芥川龍之介(あくたがわりゅうのすけ)(1892〜1927):作家。東京都出身。

コメント:辛いことや、苦しいことは、誰にも必ずいつかは起きます。起きてしまうことは仕方ないとしても、それをどう乗り越えるかはその人次第です。どのレベルを当たり前だと考えるかで、乗り越えられるハードルも変わってきます。「どうせ死ぬんだから、せめて生きている間は楽をしよう」と考えている人もいれば、「どうせ死ぬとき楽になるんだから、生きている間はとことん辛く生きよう」と考える人もいます。後者は、必ず人生の成功者になります。

「〜からには」連語,前接动词终止形,意为"既然到了这种情况",后续"要一直做到底"的表达方式。用于表示请求、命令、意愿、应当等的句子中。

◇戦うからには、絶対勝ちますよ。/既然要打,就一定要打赢。

原文翻译

既然活着，就该这么想："痛苦乃理所当然。"※芥川龙之介（1892～1927）：作家。日本东京人。

自分の足跡を残したい。人の評価でなく、自分でものを作り出したい。年がいくほど、ますます青春を感じて夢が広がるんです。でも、次に必ず壁はある。それを乗り越えたとき、パッとまた新しい世界があります。だから、厳しく自分を鞭打ってやってきたときは、振り返ったとき、実に爽やかです。
※植村 直己(うえむらなおみ)（1941～1984）：冒険家。兵庫県出身。

コメント：進んでは壁にぶつかり、乗り越えれば、また壁が立ち塞(たふさ)がっています。でも、誰もが一つくらい壁を乗り越えた経験はあるでしょう。そう、そう、その要領(ようりょう)で次の壁を乗り越えていけばいいのです。

原文翻译

想留下自己的足迹。想不为他人的评议而为自己有所创新。年纪越长，越感觉青春的跃动和梦想的延伸。固然每一步的前行都定会遇到每一步的障碍，可一旦跨越，又一崭新世界会豁然呈现眼前。所以，严厉鞭策自己一路走来，回首往事之时，自觉神清气爽。※植村直己（1941～1984）：探险家。日本兵库县人。

感動は、うまくいかないことの先にある。大きな困難があり、不可能と感じる障害があるほど、その先には大きな感動が待っている。更に最大の感動は、自分が努力したことで他人を感動させた時に得られる。※福島正伸。

コメント：うまくいかないことからやっと抜け出し、深い達成感を心から感じたとき、成果は最大となるそうです。その姿に周りの人々は何よりも勇

気づけられることでしょう。

原文翻译

　　感动总在风雨后。越是艰难，越是让人觉得不可战胜，就越会有巨大的感动在等待。而最大的感动，则会在因你的努力而让他人感动时获得。※福岛正伸。

　　自分をコントロールできない者に、自由はないのだ。※ピタゴラス（紀元前582～紀元前496）：哲学者。古代ギリシア人。

　　コメント：リスクと責任を負う覚悟をすることで、自由を手に入れましょう。他人にコントロールされるほうが気が楽だという人もいれば、そうでない人もいます。どちらが自分に合っているかは、自分が負うリスクと責任に対する覚悟で決まります。

原文翻译

　　无法自控者无自由可言。※毕达哥拉斯（Pythagoras，公元前582～公元前496）：哲学家。古希腊人。

　　もしあなたが自分の能力の限界を感じているとしたら、このことを知ることだ。あなたの能力の限界は、あなたの思考がもうけた境界線であり、あなたが自ら築いた壁である。※ジェームズ・アレン。

　　コメント：あなたがまだ気づいていない「思い込み」をはずせば、願いはどんどんかないます。

原文翻译

　　你若感到了自我能力的极限，就要明白这样一个事实：你能力的极限，其实

是你的感知所设定的边界,是你自己筑造的界壁。※詹姆士·爱伦。

　　私は意志が弱い。その弱さを克服するには、自分を引き下がれない状況に追い込むことだ。※植村直己。

　　コメント:神様が与えてくれる最高のギフトが、「弱さ」です。弱いからこそ変わり続けることができるからです。弱点は可能性そのものなのです。だからダメな自分を嫌わなくていいです。弱いまま行きましょうよ。弱さこそ「強さ」ですから。「自分が弱虫で、その弱さは芯の芯まで自分に付きまとっているのだ」という事実を認めることから、自分の内面を確認し、他人を見、社会を見、文学を読み、人生を考えることができます。

原文翻译

　　我意志薄弱。为了克服这一点,就将自己逼入无路可退的绝境。※植村直己。

　　苦しいという思いは、その人が苦しさを乗り越えられるからこそやってくる。※イチロー。

　　コメント:正直言って、日々の努力は決して楽しいことではありません。だからこそ、夢や志、大義といったものが必要なのです。山登りと一緒です。頂上を見据えて、あそこに立つんだという強い意志を奮い立たせるからこそ、坂道を上る一歩一歩の苦しさに耐えられるんじゃないですか。

原文翻译

　　苦恼这种感觉,正因为你能战胜才产生。※铃木一朗。

苦境の中から知恵も生まれる。苦境を知るから、感謝を忘れない。苦境の時こそ、その人の真価が問われる。苦境の場だから、人の温かさもよく分かる。苦境があるから、乗り越える感動も得られる。苦境に入ったと思ったら、飛躍の前触れと思え。※東道武志(生年不明)東道エンタープライズ代表。出身地不明。

コメント:いくら苦境の中でも、朝起きて、最低の顔をしていませんか。一日に一度かならず目が覚めます。目が覚めるということは、生きていることの証です。ああ、今日も生きていてよかったと、機嫌よく起きるのが当たり前でしょう。

原文翻译

　　智慧生于困境。理解了困境，便不会忘记感谢。只有在困境中，才能体现一个人的真正价值。身处困境，方能体会人情冷暖。经历困境，方能收获超越的感动。倘若自感深陷困境，就将其理解为飞跃的前奏吧。※东道武志（生年不详）东道事业法人代表。出生地不详。

すべて「ラク」を基準に選択をすると、苦痛を乗り越えたときの喜び、充足感といった「快感」も一緒に放棄することになります。※鈴木秀子(1932～):文学者。東京都出身。

コメント:「人は運命に囚われているのではない。自分の心に囚われているのだ」と言われるように、ラクなほうへ、ラクな方へと選択しながら生きると、人生にとって本当に面白いこともどんどん減少してしまいます。

原文翻译

若凡事均以"轻松"作为选择标准,便一并放弃了战胜困苦时的快乐与满足等"快感"。※铃木秀子(1932～):文学家。日本东京人。

やる気をすっかりなくさない限り失敗はありえない。自分の内部から生ずる敗北以外に敗北は存在せず、我々が生まれつき持っている心の弱さ以外には、越えられない障害など存在しない。※エルバート・ハバード(1856～1915):教育家。アメリカ人。

コメント:困難に直面し、できない理由を外部の要因に求めたくなる時に思い出したい言葉です。人の志や信念とは、何度も何度も辛い目に遭って挫折を味わって、始めて堅くなるものですから。

解説
跟我来ついてこい

「～以外に～ない」句型,前接名词或动词连体形,意为"除了……之外没有……""只有……"。类似的表达还有「～ほかに～ない」「～しか～ない」。
　　◇単語は自力で覚える以外に、身につけるの方法はないでしょう。/单词只能靠自己努力去背,除此之外别无他法吧。

原文翻译

只要还没有完全放弃,就不可能失败。除了自己内心承认的失败,无失败可言。除却生来内心的脆弱之外,并无无法越过的坎儿。※阿尔伯特·哈伯德(Elbert Hubbard,1856～1915):教育家。美国人。

する理由を聞かれたら、こう答えましょう。「自分が成長するため」全ての

ことは、成長に繋がります。難しい課題、辛い勉強、クレーム処理。あなたの周りには、あなたを成長させることだらけなのです。※瑠璃星朝寿。

コメント:あなたの取り組むことの全てが、成長に繋がっているのです。たとえば、恋愛に成功しなかったということが、無駄だったとか、心を痛めただけだったということを意味しているのではありません。なぜならば、その苦悩の中で人はたくさんのものを得るからです。苦悩があるから成熟します。苦悩したからこそ、新しく成長できます。この意味で、喪失（そうしつ）、困難、苦悩は、人に豊かなものを与えてくれるのですよ。

原文翻译

如果有人问做的理由，你就这么回答："是为了自己的成长。"所有的事情都与成长关联。困难的任务、艰苦的学习、风险的化解，在你周围尽是些让你成长的事情。※琉璃星朝寿。

人生には面白くないことが沢山起こる。それは全て自分に責任がある。何かを気づかせるために起こるということを知っておいたほうがいい。※松下幸之助。

コメント:次から次へやってくる現象に対して、どんなことがやってきても、愚痴を言わない。泣き言を言わない。落ち込まない。それから相手を攻撃しない。非難しない。中傷しない。それを笑顔で受け止めて「あー、これが私の人生なんだね」って思って、笑顔で生きていくことが今生でのテーマなのです。

原文翻译

人生会有许多不如意。责任完全在自己。要知道之所以不如意，是为了让你有所警醒。※松下幸之助。

　世界は苦難に満ちているが、それを乗り越えた事例にも満ちている。※ヘレン・ケラー(1880～1968)：教育家。アメリカ人。

　コメント：不運にめげず、不運のせいにせず、自分の足で立って行動し続ける人には、運がやってきます。運の女神(めがみ)をこちらに振り向かせるぐらい行動を起こしてみましょう。

原文翻译

　　世界充满苦难，也充满了战胜苦难的实例。※海伦・凯勒(Helen Keller，1880～1968)：教育家。美国人。

　苦しいことは重力みたいなもの。なければ筋肉(きんにく)や骨(ほね)が駄目になる。※岡田武史(おかだたけし)(1956～)：サッカー監督。大阪府出身。

　コメント：苦しみは、生きる力、生きる糧にもなります。

原文翻译

　　痛苦就像地球引力。没有它，肌肉会萎缩，骨骼会松散。※冈田武史(1956～)：足球教练。日本大阪人。

　今日をだらだらと無為に過ごす。明日も同じこと。そして次の日はもっとぐずぐずする。※ゲーテ。

　コメント：明日はなんとかなる、と思うのはバカ者です。今日でさえ遅すぎます。昨日のうちにすませてしまっているのが賢者です。

1.「だらだら」副詞或サ変動詞,既可以表示"液体不间断地滴落",也可以表示"呶呶不休""磨磨蹭蹭"的样子。文章中是后一种用法。

　　◇蒸し暑い日には、汗がだらだら流れて、とても嫌です。/闷热的日子里,汗流浃背的,很不舒服。

　　◇だらだら仕事をする人はなかなか一人でことに当る能力はありません。/工作磨蹭的人难有独当一面的能力。

2.「ぐずぐず」副詞或サ変動詞,既可以表示"磨磨蹭蹭",也可以表示"唠唠叨叨"。文中是前一种用法。

　　◇ぐずぐずしていると、汽車に遅れますよ。/磨蹭的话就赶不上火车啦。

　　◇こんなつまらないことでぐずぐず愚痴をこぼすのは大嫌いです。/就为这点小事唠叨个没完没了,最讨厌这样的。

原文翻译

　　今日磨磨蹭蹭、碌碌无为,明日亦复如是。后日更将拖沓。※歌德。

　　昨日のことを嘆きながら今日を無駄にする人間は、今日のことを嘆きながら明日を無駄にするだろう。※フィリップ・M・ラスキン(1878～1944):作家。アメリカ人。

　　コメント:実行しないで先送りしている悪循環を早く断ち切りましょう。勇気をだして、最初の一歩を踏み出せば、今までの流れも変わってきます。考えすぎずに、まず手をつけ始めていけば、状況は変化し始めます。

原文翻译

　　哀叹昨日而虚度今日的人,也会哀叹今日而虚度明日吧。※菲利普·拉斯

金(Philip Raskin，1878～1944)：作家。美国人。

事件の渦中(かちゅう)に入ってしまうと、人間はもはやそれを怖れはしない。※サン・テグジュペリ(1900～1944)：作家。フランス人。

コメント：思い切って一歩を踏み出してしまえば、恐怖や不安は小さくなります。心配しすぎて、起こりもしないことを過度に考えすぎていると、いつまでも始められません。考えすぎずに、思い切って一歩を踏み出していきましょう。

原文翻译

一旦投身事件漩涡之中，一切便不再可怕。※圣・埃克苏佩里（Saint Exupéry，1900～1944)：作家。法国人。

一つの不幸にとらわれて、すべてのものを、不幸な眼で見ようとするのはいけない。※黒岩 重吾(くろいわじゅうご)(1924～2003)：作家。大阪府出身。

コメント：悲観主義者は自分がいるところが曇ると、一部分ではなく、全体が曇ったと信じてしまいます。人生は最悪で、一所(ひとところ)に不幸が三つ落ちていたとしても、同時に幸せが一つぐらいは転がっているはずです。それぐらいのバランスで、そこそこ満足して生きていくのが一番いいじゃないかと思います。

原文翻译

不能因为遭遇一次不幸，便用不幸的眼光看待所有的事物。※黒岩重吾(1924～2003)：作家。日本大阪人。

悩みの最上の薬は運動である。悩みの解決には、脳の代わりに筋肉を多く使うことに限る。効果はたちどころに表れる。※ソポクレス(紀元前496頃～紀元前406年頃)悲劇作家。古代ギリシア人。

コメント:運動は、心の淀(よど)みを流し去り、躍動(やくどう)をもたらします。

原文翻译

治愈烦恼的良药是运动。欲消除烦恼,最好的方法就是多使用肌肉替代使用大脑。效果立竿见影。※索福克勒斯(Sophoklēs,公元前496前后～公元前406前后)悲剧作家。古希腊人。

船荷(ふなに)のない船は不安定でまっすぐ進まない。一定量の心配や苦痛、苦労は、いつも、誰にも必要である。※ショーペンハウアー。

コメント:今感じている負荷は、自分にとって役立つものだと考えていきましょう。その時は苦しいかも知れませんが、それは後々(あとあと)振り返れば必ず役に立ちます。避けるのではなく、経験することで前に進んでいきましょう。

原文翻译

空载之船摇曳不稳,无法直行。一定量的担忧、痛苦和辛劳在任何时候、对任何人都是必不可少的。※叔本华。

生きている限り、沢山の悩みや迷いが降ってくるかも知れません。しか

し、それらを逆から見て、その状態を楽しもうと思った瞬間、あらゆる困難な状態が雲散霧消してしまいます。※林俊之(1961〜):株式会社林田商会代表取締役社長。徳島県出身。

コメント:若々しさの秘訣は「一笑一若」、表情を豊かに、どんなことでもよい方に解釈して楽しむことが大切なんですね。

解説
跟我来ついてこい

「〜ずにすむ」句型,前接动词未然形,意为"可以不必做原来预定要做的事"或"避免了预测会发生的事"。一般表示避免了不好的事态。书面语。口语为「〜ないですむ」。

　　◇今ちゃんとやっておけば、後で後悔せずにすみますよ。/现在做好了,将来就不用后悔咯。

原文翻译

　　也许,只要活着,就会有许多烦恼和困惑降临。然而,如果换一个角度来看,当你决定享受这一状态的瞬间,一切困难即刻烟消云散。※林俊之(1961〜):林田商会株式会社总裁。日本德岛县人。

43

目をつり上げて怒ってもしようがないことも世の中にはあります。そして、頑張ってもしようのないことも沢山あるものです。ですから、多少、理不尽だとは思っても、にっこり笑って受け流しし、心の中では「しようがない、ま、いいか」でOK! ※姫野友美(生年不明)心療内科医。出身地不明。

コメント:「受容できる心」を持っていれば、人間関係のストレスも、必要以上にため込まずにすみます。長生きをする人たちにアンケートを取ったら、性格にある共通点が発見されたのだそうですよ。くよくよしない、無理をし

ない、怒らない、という性格だそうです。特に人から受けた不正をいつまでも思い続けることは常に有害で、そのうえ、たいていは無益でもあります。そういう考えを急いで払いのけて、そのために元気を失わないようにするのも、長生きのコツではありませんか。

解説 跟我来ついてこい。

「くよくよ」副词,也可作サ变动词,意为"郁闷""烦恼""担心"。
　　◇一回の失敗でくよくよするより、失敗の原因を突き詰めて解決法を探したほうがいいんじゃありませんか。/与其为一次失败闷闷不乐,莫如探究失败的原因,找出解决的方法更好不是?

原文翻译

　　这世上,有些事儿就是横眉怒目也毫无裨益。也有很多事儿,怎么努力也徒劳无功。因此,即便多少觉得有点不合道理,也要心里想着"没法子,算了,就这样吧",一笑而过。※姬野友美(生年不详)心理治疗医生。出生地不详。

　　苦難の歴史の中で、苦難の日々の中でみんな磨かれたの。苦しみは人を磨くの。だから、苦労のない人はのっぺらぼうよ。私はそう思ってる。※金美齢(1934～):JET日本語学校理事長。中国台湾生まれの日本人。

　　コメント:苦難の中で播かれた種は、どんな風雪にも耐えて芽吹くものです。

原文翻译

　　我一直这样认为:我们在苦难的历史、窘困的生活中历经磨练。苦难磨砺人生。没有经历苦难的人生是平淡无味的。※金美龄(1934～):JET日语学校理事长。出生于中国台湾的日本人。

行き詰まる経験があればあるほど人間は成長する。そこで挫けなければ、そのたびに成長することが、経験を通じて分かってきました。※加藤 宗平(かとうそうへい)(1929～)：豊田合成顧問。出身地(こもん)不明。

コメント：悲しみや、苦しみや、痛みの中をさまようことで、人間の年輪(ねんりん)はできる。やはり鍛えられながら、人間というものは、できていくものだと思います。

原文翻译

通过亲身体验，我明白了这样一个道理：碰壁越多成长越快。只要不气馁，便会吃一堑，长一智。※加藤宗平(1929～)：丰田合成顾问。出生地不详。

人生でも、企業でも、一度貧乏とか不況とかを立派にくぐり抜いてきたものなら、そいつはどこまでも信用できる。※本田宗一郎。

コメント：その時は辛く大変なことでも、そこを乗り越えれば大きな財産となります。どんなことでも、実際にやってみて経験したことに勝るものはありません。逆に、何もしないで知識だけをどんなに増やしても、その人に深みは出ません。

原文翻译

人生也好，企业也罢，只要能成功地经受住一次贫困或是萧条的洗礼，你就可以对他(它)绝对信任。※本田宗一郎。

だから、もし、君の人生で、苦しいときがあったら、思い出して欲しい。そ

の苦労や困難。その失敗や敗北。その挫折や喪失。それらのすべてが、君のすばらしい成長への糧になる。「志」を抱いて歩むかぎり、それは、かならず、すばらしい成長の糧になる。※田坂広志(たさかひろし)(1951〜)：多摩大学院教授、経営学者。東京都出身。

　コメント：「人間としての真の偉大さにいたる道は、一つしかありません。それは何度もひどい目に遭うという試練の道である」とアインシュタインに言われたように、何か新しいビジョンや夢を掲げ、それを叶えようと心の中で宣言すると、最初にやってくるのは、成果ではなく試練である場合が確かにありますね。

原文翻译

　　所以,在你经历人生痛苦时,请记得：这些辛苦与困难、失败或是被击败、挫折与丧失,所有的这一切都将成为你成长的绝佳精神食粮。只要你矢志不渝,勇往直前,这些必将成为你成长的绝佳精神食粮。※田坂广志(1951〜)：多磨大学研究生院教授、经营学家。日本东京人。

トラブルは、自分を成長させるために来るのですね。「深い部分の自分」が「そろそろ成長させてやろう」ということで、問題を与えるのです。※足立幸子(あだちさちこ)(1946〜1993)：コズミック・アーティスト。東京都出身。

　コメント：トラブルは人格を成熟させるための、運命の強壮剤(きょうそうざい)なのです。

原文翻译

　　麻烦出现,就是为了让自己成长。是深层的自己为了让外在的自身尽快成长而抛出问题。※足立幸子(1946〜1993)：神秘艺术家。日本东京人。

人間は厳しい局面を経験することでしか、磨かれません。人間の器は難局を乗り越えることで、大きくなっていくのです。※国貞克則(1961～):経営コンサルタント。岡山県出身。

コメント:自分の経験はどんなに小さくても、百万の他人のした経験よりも価値のある財産です。

原文翻译

人只有经历了严峻的考验才能得到历练。人的能力要通过超越困境方能得以提高。※国贞克则(1961～):经营顾问。日本冈山县人。

サルも木から落ちるという言葉がある。慢心とか油断への戒めである。木登り以外に取り柄のないサルが、木から落ちてはいけない。しかし、サルが新しい木登り技術を学ぶために、ある試みをして木から落ちるのなら、これは尊い経験として大いに奨励したい。※本田宗一郎。

コメント:私たちは生まれ変わらなければなりません。まったく元通りの明るさを望むのではなく、違う明るさ、違う温かさ、違う豊かさ、優しさ、柔かさを作り出していかなければなりません。

解説
跟我来ついてこい

「サルも木から落ちる」谚语,意为"智者千虑,必有一失""谁都有失手的时候"。类似的表达还有「弘法も筆のあやまり」「河童の川流れ」等。

◇あんなに得意な者で失敗したなんて「猿も木から落ちる」ですね。/那么拿手的人竟然失利了！真是"猴子也会从树上掉下来"啊。

原文翻译

　　常言道：猴子也会从树上掉下来。这句话劝诫人们切莫骄傲自满、疏忽大意。除了爬树便一无所长的猴子是不可以从树上掉下来的。但是，如果猴子是为了学习新的爬树本领，在某次尝试时从树上掉下来，这就是宝贵的经验，应该大大鼓励。※本田宗一郎。

　　状態の悪い時に、どんな自分でいられるかが一番大事だと思う。そういう時に最初の打席で結果が悪いと「今日は駄目」と思いやすい。そんな苦しさのなかでも決して諦めない姿勢が、何かを生み出してくれる。だから逆風は嫌いではなく、ありがたい。どんなことも、逆風がなければ次のステップに行けないから。※イチロー。

　　コメント：すべてがあなたにとって向かい風のように見える時、思い出して欲しいです。飛行機は追い風ではなく、向かい風によって飛び立つのだということを。

原文翻译

　　我认为，环境欠佳时，应对态度最为重要。这种时候，由于自己最初的击球得分不好，就容易认为"今天不行"。然而，即便身处困境也决不言弃，方能有所造就。所以，我非但不讨厌逆风，相反还幸其难得。无论何事，若无逆风，则迈不出下一步。※铃木一朗。

思考・考え方

過去に下した判断はすべて正しかった。その時点では最高の自分だったのですから、すべて正しかったのです。過去を悔やむことにエネルギーを使うのはもう止めて、未来に向けていかに自分を磨くか、向上させるか、成長させるかということを考えてみてはいかがでしょうか。※小林 正観（こばやしせいかん）(1948～2011)：心理学博士、作家。東京都出身。

コメント：どんな問題にも答えは必ずあります。ですけれどそれはすぐに導き出せるとは限りません。人生においてもそうです。今すぐには答えを出せない問題なんて、これから先、いくつも現れるでしょう。そのたびに悩むことには価値があります。しかし、焦る必要はありません。答えを出すためには、自分自身の成長が求められている場合も少なくありません。ですから人間は学び、努力し、自分を磨かなきゃいけないんです。

原文翻译

　　过去做出的判断都正确。就当时而言自己处于最佳状态，因此所做的判断也全都正确。与其费神后悔过往，不如面向未来，思考如何锻炼自己、提高自己、让自己成长。※小林正观(1948～2011)：心理学博士、作家。日本东京人。

素心深考（そしんしんこう）。その文字が表わす通り、素直な心で、しっかり考えるという意味です。とにかく考える前に早く行動しろといったことが尊ばれる現代だ

からこそ、あえて時間をかけて思慮することを大切にしたい。そのためには、心のありようが素直なことが不可欠なのです。※小林　陽太郎(こばやしようたろう)(1933〜)：富士ゼロックス元代表取締役会長。イギリス生まれ。

　コメント：常に素直な心になることができれば、人間というものは、物事の本当の姿、実相を見ることができるようになります。そして、あたかも神のようにといってもよいほど、強く正しく聡明になることができると思います。

　「焦るな、急ぐな、ぐらぐらするな。馬鹿にされようと、笑われようと、自分の道をまっすぐ行こう。時間をかけて、磨いていこう」と、坂村真民の言葉を胸に、前へ前へ進んで行きましょう。

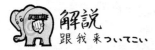
解説
跟我来ついてこい

　「〜(よ)うと、〜(よ)うと」句型，接在动词意志形之后，表示"不管做什么都没关系"或"无论采取什么行动都与其无关,后项的事情照样成立"。是「〜ても」的书面表达方式。

　　◇遊ぼうと、勉強しようと、お好きなようにしてください。/玩也好，学也罢，你想咋样就咋样吧。

原文翻译

　　"素心深考"，顾名思义，就是以纯朴之心深思熟虑。正因为现代社会推崇行动先于思想，所以更应该重视拿出时间来思考。为此，纯朴的心态是必不可少的。※小林阳太郎(1933〜)：原富士施乐公司总裁。出生于英国。

　あなたの精神が健康か否かを計る尺度は、どこにでも良いことを見つけられるか否かである。※ラルフ・ワルド・エマーソン(1803〜1882)：思想家、哲学者、作家、詩人。アメリカ人。

コメント：今現在、取り込まれている状況をすべて受け入れられる、現在も受けいれる。そして未来のことも全部受けいれる。そうやって、受け入れて感謝に変わった瞬間に、宇宙全部があなたにサポートする方向で動き出します。

原文翻译

　　检验精神健康的标准：是否拥有一双随处都能发现美好事物的慧眼。※拉尔夫・沃尔多・爱默生（Ralph Waldo Emerson，1803～1882）：思想家、哲学家、作家、诗人。美国人。

今の規模でいいと思った瞬間に成長はなくなる。※稲盛和夫。

コメント：何事も静止することはありません。代々受け継いできたものを増やすか失うか、より大きくなるか小さくなるか、前進するか後退するか、しかありません。

原文翻译

　　满足于眼下规模的瞬间，成长动力便不复存在。※稲盛和夫。

過ぎてしまったことを、後悔しても、仕方がありません。過ぎてしまったことは、いい経験だと思っておきましょう。「いい経験になったな」こう思って、次に進んでいけばいいのです。過ぎたら、いい経験なのです。※瑠璃星朝寿。

コメント：「反省」はしてもいいですけど、「後悔」はしてはいけません。反省とは思考の一つで、改善点を考えるポジティブな行為です。後悔は失敗をただ悔やむだけの感情で、ネガティブな行為です。いわば、後悔するというのは、後ろしか見ないことですけど、反省するというのは、必ず前を見ることです。

原文翻译

　　后悔过往于事无补。不妨就将过去之事当作不可多得的经验吧！一边想着"这下学聪明了"一边去做后面的事儿。一旦过往，皆成经验。※瑠璃星朝寿。

　　人間って足りないところがいっぱいある。それを補うためには、言われていること以外に自分で何をするかです。それを苦痛と感じるかどうかが、一流になるかならないかの分かれ目です。※井村雅代(いむらまさよ)(1950〜)：シンクロナイズドスイミングの指導者。大阪府出身。

　　コメント：言われたことだけをやっているとやらされ感が強くなります。言われた以上のことをやると充実感を得ることができます。

原文翻译

　　人多有不足。为了弥补不足，自己还得主动去做别人吩咐之外的事儿。而是否为此感到痛苦，则是能否成为一流的关键。※井村雅代(1950〜)：花样游泳教练。日本大阪人。

　　未来に「無理」を想像する人にとっては、そのことは「無理」であり、未来に「可能」を想像する人にとっては、そのことは「可能」になるのです。※桑原正守(くわはらまさもり)(1965〜)：ソーシャル・アライアンス株式会社代表取締役会長。新潟県出身。

　　コメント：人生を明るく有意義に生きたいと願うのなら、ふだんから、素直に「できる」と思う習慣を身につけましょう。何でも、頭から私にはできない

と思うのではなく、「私でもやればできるかも」という気持ちを持ち続けることが大切です。

原文翻译

有人认为未来"难以实现"，对于他们来说，未来就真的"难以实现"。而对于那些认为未来"可以实现"的人来说，就"确实可行"。※桑原正守（1965～）：社会企业联盟株式会社总裁。日本新泻县人。

とかく物事には明暗の両方面がある。私は光明の方面から見たい。そうすれば、自ずから愉快な念が湧いてくる。※新渡戸稲造。

コメント：良くなることを諦めた人は、絶対に向上することはありません。泣いても一生、笑っても一生ですから、光明の方面を見て、明るく生きていきましょう。最後は笑った人が勝ち。「勝者」は「笑者」ですから。

原文翻译

事物都有明暗两面。我喜欢从光明的一面去看，这样，心情也自然愉悦。※新渡户稲造。

人生は、踏み切る、割り切る、思い切るの三切るだ。踏み切ったらまずは割り切って一所懸命やってみなさい。それでダメなら思い切ればいいじゃないか。君は踏み切ったばかりでもう思い切ろうとしているが、それはまだ早い。もうしばらく割り切って続けてみるべきだ。※津田 晃（つだあきら）（1944～）：野村證券元専務（しょうけんせんむ）。愛知県出身。

コメント：津田氏が入社したての頃、人生の先輩に言われた言葉です。思い切ることはいつでもできますから、まず、割り切って仕事に打ち込むことです。そ

れだったら思い切っても得られるところが必ずあります。

原文翻译

　　人生三即：想好即动手去做、做了即心无旁骛、失败即弃之无悔。也就是说，一旦想好了就心无旁骛全力以赴。行不通时，弃之无悔。刚想好就打算放弃，未免为时过早，不妨心无旁骛地再坚持一阵看看。※津田晃（1944～）：原野村证券专务董事。日本爱知县人。

　　平凡なことを毎日平凡な気持ちで実行することが、すなわち非凡なのである。
※アンドレ・ジッド（1869～1951）：作家。フランス人。
　　コメント：小さなことの積み重ねを大事にしたうえで、プラスアルファとして何ができるかを考えましょう。地味(じみ)で小さなことかも知れませんが、そこの部分がきちんとできていれば確実な成長につながって行きます。

原文翻译

　　每天以平凡心做好平凡事，就是非凡。※安德烈・纪德（André Gide，1869～1951）：作家。法国人。

　　穏やかさは、セルフコントロールが咲かせる見事な花です。※ジェームズ・アレン。
　　コメント：先を急ぐな、人生に無駄な時はありません。満つれば、欠ける。それが、宇宙のリズムです。

原文翻译

　　所谓沉稳，就是自控力开出的一朵奇葩。※詹姆斯・爱伦。

どこか遠くへ行きなさい。仕事が小さく見えてきて、もっと全体がよく眺められるようになります。不調和やアンバランスがもっとよく見えてきます。※レオナルド・ダ・ヴィンチ(1452〜1519):芸術家。イタリア人。

コメント:目の前のことだけをズームで見るのではなく、カメラで全体像を映し出すように、目線を変えてみましょう。レンズに納(おさ)まる範囲が変われば、見えるものも違ってきます。

原文翻译

站得远一点儿,工作看起来就会很渺小,更能统观全局,更容易发现不协调、不平衡之处。※列奥纳多・达・芬奇(Leonardo da Vinci,1452〜1519):艺术家。意大利人。

こんなはずじゃなかったのに、という考えは捨てなさい。こんなはずなのだから。※ウェイン・ダイアー(1940〜):心理学者。アメリカ人。

コメント:起きてしまった事は事実として受け入れましょう。同じことを繰り返さないための学習ですから。

原文翻译

丢掉"本不该如此"的想法,因为本该如此。※韦恩・戴尔(Wayne Dyer,1940〜):心理学家。美国人。

思考とは、行動の予行演習に他ならない。※フロイト(1856〜1939):精神分

析学者。オーストリア人。

　コメント：考えた後に、何をどうしていくのかという行動がなければ結果は出ません。運は運ぶと書きますね。行動しないと運はついてこないというわけです。

原文翻译

　　所谓思考，无非就是行动的预演。※弗洛伊德（Freud，1856～1939）：精神分析学家。奥地利人。

　不幸は、大半が人生に対する誤った解釈の印である。※モンテーニュ（1533～1592）：哲学者。フランス人。

　コメント：他人にとって幸福につながる願望であっても、あなたにとっては不幸になる願望もあることを忘れてはなりません。全ての出来事や問題は、それを見る人次第で、どうにでも解釈できるのですから、自分にプラスになるように前向きに考えてみましょう。

原文翻译

　　不幸，大多是对人生误解的标志。※蒙田（Montaigne，1533～1592）：哲学家。法国人。

　サラリと流してゆかん川の如く、サラリと忘れてゆかん風の如く、サラリと生きてゆかん雲の如く。※坂村 真民（さかむらしんみ）（1909～2006）：詩人。熊本県出身。

　コメント：過去の失敗への固執や物質生活への欲が少なければ、日々はどんなに軽くて楽しいものでしょうか。

原文翻译

　　流如长河平缓；忘如微风轻盈；活如云彩飘逸。※坂村真民（1909～2006）：

诗人。日本熊本县人。

今日も含めた未来を考えたとき、「私」は今日、最も未熟なものであり、最若年者である。では、更にもっと勉強しよう、向上しよう、魂を磨こうということになる。※小林正観。

コメント：人生いたるところに学校ありで、ゲームセンターにも競馬場にも、映画の中にも歌謡曲の一節にも教育者はいっぱいいます。これを念頭に、いつでもどこでも勉学に励みましょう。

原文翻译

在思考包括今天在内的未来时，今天的"我"是最不成熟的、最年轻的。那么就要进一步学习，进一步提高，进一步磨砺意志。※小林正观。

他人と比較したり、他人に依存してはならぬ。しかし、常に、昨日の自分と今日の自分とを比較することを忘れるな。自分と他人を比較するだけでは社会の奴隷となってしまう。そして昨日の自分との比較を忘れると慣習の奴隷となる。※ジャン＝ジャック・ルソー(1712～1778)：思想家。フランス人。

コメント：私たちは、人と比較するから落ち込むのです。人との比較を今すぐやめ、自分がどうあるべきかにフォーカスしてください。きっと何かが変わり始めるでしょう。昨日より今日、今日より明日の自己評価が少しでも進歩していることを目指したいものですね。

原文翻译

不要与他人比较，也不要依存于他人。但是，切记要经常将现在的自己与

过去的自己相比。如果尽拿自己同他人比较,就会成为社会的奴隶。如果忘记与过去的自己相比,就会沦为习惯的奴隶。※让·雅克·卢梭(Jean Jacques Rousseau,1712～1778):思想家。法国人。

人間、今が一番若いんだよ。明日より今日の方が若いんだから。いつだって、その人にとって今が一番若いんだよ。※永六輔(1933～):放送タレント。東京都出身。

コメント:その日をちゃんと生きること。人生にこの日は一度しか訪れません。人生において最も大切な時、それはいつでも今です。

原文翻译

现在是最年轻的。因为今天比明天年轻。无论何时,对你来说都是现在最年轻。※永六辅(1933～):电台艺人。日本东京人。

業なかばで倒れてもよい。その時は目標の方角に向かい、その姿勢で倒れよ。※坂本竜馬(1836～1867):江戸時代末期の志士。土佐国(現高知県)出身。

コメント:いつも目標に向かって、意識とエネルギーを注いでいきましょう。進む方向がハッキリしていれば、いつ果てても悔いは残らないでしょう。そのような気持ちで日々生きていれば、いつのまにか目標は達成できているものです。

原文翻译

业至中途倒,亦可。记得倒下时也要朝着目标的方向。※坂本龙马(1836～1867):江户时代末期志士。日本土佐国(现高知县)人。

21

自分のそれまでの経験や知識から、「そんなことはあるはずがない」と頭から否定しないことが大切です。ほんの些細(ささい)な知識と経験だけで物事を判断してはなりません。まずは受け入れてみることが大事です。※船井幸雄。

コメント:「何でも一度受け入れてみよう」という寛容さを育んでいきたいものです。

原文翻译

不要根据自己已有的经验或知识,就马上得出"不可能有那样的事"的结论,并加以否定,这一点很重要。不能仅凭一点微不足道的知识或经验就作出判断,重要的是先试着去接受。※船井幸雄。

22

社会は、何も要求しない人には、何一つ与えない。※アラン(1868～1951):哲学者。フランス人。

コメント:自分が欲しい、手に入れたいと思うことを明確にしていきましょう。欲しいという気持ちがあれば、それに伴って行動も起こせるようになります。その気持ちが強ければ強いほど、実現する可能性も高くなってきます。

原文翻译

对于不主动追求的人,社会不会有任何给予。※阿兰(Alam,1868～1951):哲学家。法国人。

　これを使って生きる人生と、使わずに生きる人生では、間違いなく雲泥の差が出ます。それほどの効果があります。次のように言ってみてください。「過去」に起きたことには「これで良かった！」、「現在」の状況には「ありがたい！」「未来」に対しては「だから良くなる！」ことあるごとに、まずこの言葉を言ってください。※佐藤康行(1951〜)：心の学校アイジーエー学長。北海道出身。

　コメント：「当たり前」の反対語が何かご存じでしょうか。それは「ありがたい」です。何事も肯定的に捉えて感謝していれば、そういう現象が周りに寄ってくるそうですよ。「ありがたいなああありがたいなあどんなに苦しいことがあってもいきていることはありがたいなあ」と思ってください。

解説 跟我来ついてこい

　「ごとに」接尾詞，接在名词或动词连体形之后，意同「…のたびに」「どの…もみな」。意为"每……""一共……"。

　◇3月に入ってから、一雨降るごとに暖かくなります。/进入3月份之后，每下一场雨就转暖些。

　◇リンゴは皮ごと食べたほうが栄養たっぷりだそうです。/听说苹果连皮吃很有营养。

原文翻译

　请像这样说说看。对"过去"发生的事情说："太好了！"对"现在"的状况说："太难得了！"对"未来"说："会变好的！"每当发生什么事情的时候，请说出这些话。使用这些话的人生和不使用这些话的人生，必定有天壤之别。效果就是如此的巨大。※佐藤康行(1951〜)：心灵学校·IGA校长。日本北海道人。

　この世で一番難しいのは、新しい考えを受け入れることではなく、古い考えを忘れることだ。※ケインズ(1883～1946):経済学者。イギリス人。

　コメント:古い体制から見れば、新しいものはすべていかがわしいのです。ですから、古い考えにこだわっていては、新しいものをなかなか受け入れられませんね。まず今まで疑うことなくやっていたことを、もう一度見つめなおしてみましょう。それは自分の周りの狭い範囲だけでの常識かも知れません。

原文翻译

　　世上最难的事儿,不是接受新观念,而是抛弃旧思想。※凯恩斯(1883～1946):经济学家。英国人。

　人があなたのことを悪く言う。それが真実なら直せばいい。それが嘘なら笑い飛ばせばいい。※エピクテトス(55～135):哲学者。古代ギリシア人。

　コメント:あなたを悩ましたり、悪口をいう人にも、平静な心で注意を向けなさい。きっとあなたにとって得るところがあるはずです。良薬が口に苦いように、あなたに偉大なる存在が苦言(くげん)を呈(てい)しているかも知れないからです。

原文翻译

　　己为人损。若属实,改之即可;若毁谤,一笑而过。※埃皮克提图(Epictetus,55～135):哲学家。古希腊人。

たとえばヒマラヤに登ろうという志の人は、富士山は容易に登れるんですね。ところが富士山に登ろうという志の人は、富士山にも苦労する。何の志もない人はその辺の低い山でも四苦八苦します。※和地 孝(わちたかし)(1935～)：テルモ株式會社代表取締役會長。神奈川県出身。

コメント：散歩の途中でヒマラヤに登る奴はいません。ヒマラヤに登ろうと思った奴だけがヒマラヤに登れるでしょう。

原文翻译

譬如，立志攀登喜马拉雅山的人，就能很容易登上富士山吧。但仅立志攀登富士山的人，登富士山都会很吃力。而那些没有任何志向的人，就连攀登周边的小山坡都困难重重。※和地孝（1935～）：泰尔茂株式会社总裁。日本神奈川县人。

本当は本を読めば読むほど、時間が生まれます。本を読まないから、時間がないのです。なぜなら、本を読まない人は、他人の経験や知識から学ばないからです。※本田直之(ほんだなおゆき)(1968～)：レバレッジコンサルティング株式会社代表取締役社長。出身地不明。

コメント：つくづくおもんぱかるに、何かをやって時間を損するということは絶対にありませんね。たとえば、貧乏旅をすれば、大学を二つ出たようなものでしょう。

原文翻译

实际上你越看书就越有时间。因为不看书，所以没有时间。为什么呢？因为不看书的人，无法学到他人的经验或知识。※本田直之（1968～）：融资咨询株式会社总裁。出生地不详。

環境だけで人間の幸不幸が決まるのではないことは確かだ。幸福だとか不幸だとかいう気持ちのあり方はこうした環境をどう受け止めるかによって決定される。天国は心の中にある。とはキリストの言葉だが、地獄もまた同様である。※デール・カーネギー。

コメント:もし幸福な生活を送りたいと思う人々がほんの一瞬でも胸に手を当てて考えれば、心の底からしみじみと感じられる喜びは、足下に生える雑草や朝日にきらめく花の露と同様、無数にあることがわかるでしょう。

原文翻译

　　毫无疑问,幸或不幸不是单靠环境就能决定的。觉得幸福或是不幸,是由如何看待所处的环境决定的。耶稣说,天堂存于心中。地狱亦不例外。※戴尔・卡内基。

俺は落胆するよりも次の策を考えるほうの人間だ。※司馬遼太郎(しばりょうたろう)(1923～1996):作家。大阪府出身。

コメント:どんなにひもじくても、卑しい根性にはならないでください。貧すれば鈍すると言うけれども、貧しても鈍しないでください。どんなに貧しくても、惨(みじ)めったらしい気持ちを持ってはいけませんよ。

解説　跟我来ついてこい

「貧すれば鈍する」慣用語,意为"人穷志短""人穷智钝"。

　　◇「会社を辞めて、それからどうしてる?順調(じゅんちょう)?」「いや、貧すれば鈍す

る、だ。」/"辞了工作后过得怎么样，还顺利吧？""不太好，挣不着钱，人穷志短呐！"

原文翻译

吾性如此：与其沮丧，毋宁思考下一对策。※司马辽太郎(1923～1996)：作家。日本大阪人。

知識は比較的簡単に手に入るが、知恵は大きな努力と体験がないとなかなか手に入らない。※安藤百福(1910～2007)：日清食品創業者。中国台湾生まれの日本人。

コメント：経験はやってみたことから得られて、知恵はうまくやれなかったことから得られます。

原文翻译

知识易得，智慧若无艰苦努力与丰富体验则难收获。※安藤百福(1910～2007)：日清食品公司创始人。中国台湾裔日本人。

「プレッシャーはその人の持っている器に対してかかるものだ。器が大きければプレッシャーを感じることがないはずだ」と言い聞かせている。※羽生善治。

コメント：明らかに無理なことや、簡単にできることであればプレッシャーは感じません。プレッシャーは、それを越えれば一つ先に進めるハードルだと考えてみましょう。目の前のハードルを一つずつ越えていけば、確実にレベルはアップしていきます。株式会社oneスマイル代表の福田純子はこう言ったことがあるでしょう。「誰にだってつらいこと、思いどおりにいかない

こと、いやなことはたくさんあるものです。でも、それは、人生に与えられた一種のハードルのようなもの。笑顔で乗り越えていけば、その先には必ず明るいゴールが見えてくることを、私の半生が私に証明してくれています」と。

原文翻译

我总是告诫自己：压力是对应你的抗压力而产生的。如果抗压力强，就不会感受到压力。※羽生善治。

あなたの言葉には、あなたの行動と同じ価値があります。行動することも大切ですが、それ以上に言葉は大切です。※ジョセフ・マーフィー(1898～1981)：宗教家、作家。英国生まれのアメリカ人。

コメント：前向きで、プラスになる言葉を使っていきましょう。行動は直ぐに変えられなくても、言葉は今すぐ、誰もが変えることができます。言葉を使って、自分の意識を変えていきましょう。

原文翻译

你的言辞和你的行动有同样的价值。行动固然重要，但言辞更为重要。※约瑟夫・墨菲(Joseph Murphy,1898～1981)：宗教家、作家。出生于英国的美国人。

不満は、会社や他人に期待したことが裏切られることによって起こる。蓄積するとストレスになる。期待とは他人を思い通りにしようとすることである。しかし、他人は思い通りにならないため、不満となって自分に返ってくる。つまり、すべての不満は自分自身が作り出したものである。不満を解消するためには、他に期待せずに自分に期待しなければならない。※福島

正伸。

　コメント:魅力的な人は、他人に期待するよりも自分に期待します。

原文翻译

　　不满产生于对社会、对他人的期待落空。积压不满就会精神压抑。所谓期待,就是让他人按照自己的意愿行事。但他人不遂心愿,自己进而产生不满。换言之,所有的不满都是自己制造出来的。要消除不满,就必须不期待于人,而寄望于自己。※福岛正伸。

　どのような出来事も自分の受け止め方によって、その後はまったく違った結果になる。受け止め方は、性格ではなく選択である。※福島正伸。

　コメント:陽気になる秘訣はなんでしょうか。それは、明日はきっと良くなる、と思い込んで暮らすことです。

原文翻译

　　无论什么事,接受的方法不同,随之产生的结果也迥异。如何接受并非性格,而是选择。※福岛正伸。

　追いつこうと頑張るから強くなる。抜かれまいと努めるから逞ましくなる。※大山倍達(おおやまますたつ)(1923～1994):極真会館(きょくしん)設立者。東京都出身。

　コメント:技を磨くには、まず先達の技を真似ることから始まります。更にその技をどう磨くかは、自分の力や技術に関わってきます。切磋琢磨(せっさたくま)を続け、大成させましょう。

 跟我来ついてこい

「技を磨く」惯用语，意为"磨练技能""练好本领"。

◇立派な通訳になるためには、日本語の技を磨くべきです。/为了成为一名出色的翻译，应该磨练好日语技能。

原文翻译

拼命想追赶，所以变得强大；努力不被超越，所以变得顽强。※大山倍达（1923～1994）：极真会馆创始人。日本东京人。

賢者は現在と未来について考えるだけで手一杯であるから、過ぎ去った事柄をくよくよ考えている暇がない。※フランシス・ベーコン（1561～1626）：哲学者。イギリス人。

コメント：失敗を気にしてクヨクヨ落ち込んだり、クドクド言い訳したり、誰かを責めたりするのは、時間のロスでしかありません。「クヨクヨしているところに、つまらない事が集まり、ワクワクしているところに、おもしろい事が集まる」と考えなさい。

 跟我来ついてこい

「～だけで手一杯だ」句型，接在体言、活用词连体形之后，意为"做某事已经竭尽全力，无暇顾及其他"。

◇今自分のことで手一杯で、とてもあなたを手伝う余裕はありません。/如今我自顾不暇，实在腾不出手来帮你。

原文翻译

聪明人仅考虑现在和未来就忙不过来了，哪有空纠结于过去的事儿？※弗朗西斯・培根（Francis Bacon,1561～1626）：哲学家。英国人。

すべての失敗は、経験と呼ばれ、わがままは、こだわりと呼ばれ、自己満足は、オリジナリティーと呼ばれ、意味不明は、斬新と呼ばれ、協調性のなさは、個性的と呼ばれる。※高橋 歩(たかはしあゆむ)(1972～):実業家、随筆家。東京都出身。

コメント:長所を伸ばせば、短所は味わいになります。

原文翻译

所有的失败都叫经验,任性则叫执着,自满称为创意,意思不明称为新颖,与人不协调就是个性。※高桥步(1972～):实业家、随笔作家。日本东京人。

学問は脳、仕事は腕、身を動かすは足である。しかし、卑(いや)しくも大成を期せんには、まずこれらすべてを統(す)ぶる意志の大いなる力がいる、これは勇気である。※大隈 重信(おおくましげのぶ)(1838～1922):早稲田大学創設者。肥前 国(ひぜんのくに)(現佐賀県)出身。

コメント:あなたが、あるべき自分になれない理由はただひとつ。そうなろうとする勇気がないからです。

 ## 解説
跟我来ついてこい

「身を動かすは足である」中,「身を動かす」可看作惯用语,意为"动身""动手"。在文中看作将一个名词当作主题,相当于「身を動かすの」,故可直接在其后加「は」。

◇考えるだけで身を動かさなければ何もなりません。/光想不做,一事无成。

原文翻译

　　学问用脑,工作用手,行走用脚。然人轻言微却欲成大业,且须先有统率这一切的超强意志之力,即勇气。※大隈重信(1838～1922):早稻田大学创始人。日本肥前国(现佐贺县)人。

　　同じものでも考え方一つ。やる奴はやるように考えるし、へこたれる奴はへこたれるほうへ考えてしまう。※松永 安左衛門(まつながやすざえもん)(1875～1971):電力王と呼ばれた財界人。長崎県出身。

　　コメント:「俺にできないわけねえや、たいしたことねえや」と思った上で一生懸命やりましょう。

跟我来ついてこい

　　「ねえ」是表示否定的「ない」的音便形式。从音韵学的角度来看,双元音[ai][oi][ae][ie]通过元音融合或双元音的エ段假名长音化,便成为[e]或[ee]。比如「知らない→知らねえ」「遅い→おせえ」「帰る→けえる」「ありがたい→ありがてえ」等等。不过,这种说法较为粗俗,在郑重的场合不能用。

　　◇たいしたもんじゃねえぞ。俺様を見ろ。/有啥了不起的,看老子的!

原文翻译

　　同样一件事,在于怎么想。勇行者自会寻路,龟缩者自会找窝。※松永安左卫门(1875～1971):被称为"电力王"的经济界人士。日本长崎县人。

　　努力よりも前に成功がくるのは、辞書の中だけである。※ヴィダル・サスーン(1928～2012):ヘアデザイナー。イギリス生まれのイスラエル人。

コメント：仕事もそうなんです。気持ちよく受けて努力しようとしなければ、最初のテンションがそこで下がってしまいます。自信がないときほど、気持ちよく引き受けて頑張ってみましょう。実際の仕事でも、逃げれば逃げるほど、面倒くさい地味な仕事がまわってきます。何事も努力していく過程の中でどんどん面白くなって、そのうち成功の喜びを味わえます。

原文翻译

尚未努力，成功到手，这样的好事儿仅存于字典当中。※维达・沙宣（Vidal Sassoon，1928～2012）：发型设计大师。出生于英国的以色列人。

学ぶ心さえあれば、万物すべてこれ我が師である。語らぬ石、流れる雲、つまりはこの広い宇宙、この人間の長い歴史、どんなに小さい事にでも、どんなに古い事にでも、宇宙の摂理（せつり）、自然の理法が密（ひそ）かに脈づいているのである。※松下幸之助。

コメント：自分より優れていると思える人がいたら、「ああ、自分はダメだ」としょげてしまうのではなく、「この人から教えてもらおう」と思えばいいのです。もちろん、実際にアドバイスを求めたり指導してもらったりしなくても、その人をこっそり観察して、そこからヒントを盗めばいいのです。そうすると、その人がどういうことをやっているのかが分かってきます。

解説
跟我来ついてこい

「これ」古汉语中「是」「之」「惟」的训读法，起到强调主题的作用。文语。

◇理性を保つ、これ勇気なり。/保持理性即为勇。

原文翻译

意欲勤学，万物皆我师。无语之石、漂流之云、浩瀚无际的宇宙、人类历史的长卷……锱铢小物也罢，古老久远也罢，其背后都运行着宇宙法则及自然规

律。※松下幸之助。

　明けゆく毎日をお前の最後の日と思え。そうすれば当てにしない日はお前の儲けとなる。※モンテーニュ。
　コメント：今日一日が勝負だと思って、全力を出し切りましょう。明日がある、次があると油断しないで、今日一日に意識を集中させましょう。毎朝気持ちを入れ替えて、それを毎日繰り返していきましょう。

「当てにする」慣用語，意为"指望""依靠"。
　◇彼は友人の援助を当てにしましたが、結局騙されて何もかも失ってしまいました。/他指望朋友援助，结果却被骗得一无所有。

原文翻译
　把每一个即将逝去的日子都当作生命的终点，如此这般，每一个本无期待的日子都会成为你的财富。※蒙田。

　それ自体の不幸なんてない。自ら不幸を思うから不幸になるのだ。※アルツィバーシェフ(1878～1927)：作家。ロシア人。
　コメント：起きてしまった事実も、自分の考え方次第で変えることはできます。ついていないと思えば、どんなことでもそう思えてきてしまいます。自分を成長させてくれるきっかけだと考えれば、そこから学び成長できます。

原文翻译

世间本无不幸,只因自认不幸,方才有了不幸。※阿尔志跋绥夫(Artsybashev,1878~1927):作家。俄罗斯人。

人間の心は放っておくと、九割は否定的方向に傾いてしまいます。だから常に肯定的思考を身につけなければなりません。※ジョセフ・マーフィー。

コメント:「何かを表現したって誰にも届かない」という諦観(ていかん)を、「何かを表現すれば、それを必要とする誰かにきっと届くはず」という希望に変え、意識を常にプラス方向に向けていきましょう。

原文翻译

人的心若放任自流,九成会倾向于消极。所以必须时刻保持一颗积极向上的心。※约瑟夫·墨菲。

自分の憎い人を思い描いて、空に向かって人差し指を立てる。それから、「あの人が悪いんだ」と口にして指差す。人差し指は「あの人」を刺(さ)しているが、残りの中指(なかゆび)、薬指(くすりゆび)、小指(こゆび)は自分のほうを向いている。つまり、自分のほうが三倍悪いのだ。自分に責任があるのではないかと考えると、そこから改善する意欲も生まれ、自己改革が始まる。※中村天風(なかむらてんぷう)(1876~1968):ヨーガ行者、天風会創始者。東京都出身。

コメント:違うタイプの人間と意識して関係を深めると、まず世の中は自分のような人間だけで構成されているわけではないという当たり前の事実が、深く理解できるようになります。すると、思考の幅、吸収しようとする知

識の範囲が広がっていくという効用があります。

原文翻译

　　心里想象着你讨厌的人，对着天空竖起食指。然后指着说"是他不对"。食指指着"他"，但剩下的中指、无名指、小指都朝向自己。也就是说，自己的错是对方的三倍。觉得责任在自己，就会产生改进的想法，自我改革由此开始。※中村天风(1876～1968)：瑜伽修炼者、天风会创始人。日本东京人。

　　恐れは逃げると倍になるが、立ち向かえば半分になる。※ウィンストン・チャーチル。

　　コメント：先のことを考える余裕がないくらいに、いま忙しく動いてみましょう。じっとしていたり、避けていたのでは、恐怖はどんどん増してきます。不安を感じている時には、動くことで恐怖や不安を打ち消していきましょう。

原文翻译

　　逃避，畏惧加倍；面对，畏惧减半。※温斯顿·丘吉尔。

　　僕にいわせれば、弱い人間とか未熟な人間のほうが、遙かにふくれあがる可能性をもっている。※岡本太郎(おかもとたろう)(1911～1996)：芸術家。神奈川県出身。

　　コメント：弱さの中には沢山の可能性が秘められています。弱くてもいいですよ。

原文翻译

　　要我说，弱者以及不成熟的人有更多的成长空间。※冈本太郎(1911～1996)：艺术家。日本神奈川县人。

　人のせいにすれば、自分の幸不幸は自分でコントロールできず、人の行動に左右されるものとなり、生きることが無気力になる。人のせいにするのを止めれば、自分のパワーを取りもどすことができる。※リチャード・カールソン(1961〜2006)：心理学者。アメリカ人。

　コメント：商売もそうです。どんな環境にあろうとも売上を伸ばすのが、商人の智恵で、才覚です。売上の低迷を世の中や政治のせいにするのは、己の智恵の無さや勉強不足を露呈しているにすぎません。

原文翻译

　　如果归咎于人，自己就无法控制自己的幸或不幸，就会被他人的行为左右而生活消极。不归咎于人，就能重新获得自己的能量。※理查德・卡尔森(Richard Carlson, 1961〜2006)：心理学家。美国人。

　今日からみんなで恥をかきましょう。恥をかきながら覚えたことは、一生忘れません。心にザクリと刻まれてしまうんです。そして、心に沢山ヒビが入ってできた模様が、人間の芸術になるんです。※斉藤一人(1948〜)：実業家。東京都出身。

　コメント：恥をかけばかくほど人間は成長します。なぜなら、向上しようとする人の強靱さを鍛えてくれるものですから。恥は恐れるものではありません。ほんの一時耐え抜けば、多くのことが学べます。

 解説
跟我来ついてこい

「恥をかく」慣用語,意为"丢脸""出丑"。

◇これから社会人として知らないと恥をかく一般常識を紹介いたします。/下面我来介绍一般常识,作为成年人不知道的话会很难为情的。

原文翻译

从今天起大家一起出乖露丑吧!伴随露丑学来的东西会铭刻于心,没齿不忘。而心中诸多刻痕所形成的图案,便是人的艺术。※齐藤一人(1948~):实业家。日本东京人。

他の人の長所だけを見るのが私の信条である。私は自分に欠点があることをよく知っているから、他の人の欠点をあげつらわないように心がけている。※マハトマ・ガンジー。

コメント:他人の長所から学び、感謝します。他人の短所から学び、寛容を覚えます。それ同時に、自分の欠点を直視し認めることです。ただし欠点に振り回されてはいけません。忍耐力、優しさ、人を見抜く目を欠点から学びましょう。そうすれば、「欠点」は、「欠かせない点」になります。

原文翻译

只看他人的优点是我的信条。因为清楚自己的缺点,所以我很注意,尽量不去议论他人的缺点。※莫罕达斯·甘地。

私たちは何から学ぶかで、学ぶスピード、学ぶ内容の質が変わってくる。自分の経験からだけ学べば、時間がかかる。他人の経験からも学べば、時間

節約になる。けれど、なかなか。※勝間和代（1968〜）：経済評論家。東京都出身。

コメント：学べば学ぶほど、自分が何も知らなかった事に気づきます。気づけば気づくほどまた学びたくなります。

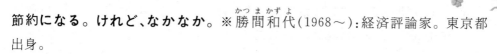

　　　学习的出发点不同，学习速度、学习内容的质量也会截然不同。若仅以自身经历为出发点学习，需要花费很长时间。若以他人经历为出发点学习，可以节约时间。但是却鲜有人为之。※胜间和代（1968〜）：经济评论家。日本东京人。

どしゃぶりの雨の後、道のぬかるみを見て、「俺はなんて不幸なんだろう」と思う人もいれば、空の虹を見て「俺はなんて幸福なんだろう」と思う人もいる。どちらも同じ状況にいるのに、解釈がまったく違う。どんな出来事でも、プラス面とマイナス面がある。※神田昌典（1964〜）：経営コンサルタント。埼玉県出身。

コメント：自分の周辺で起こった出来事を、できるだけプラスに解釈したいものです。でも、それよりもっとも重要なのは、「人生は雨天決行」という考え方です。今日こそはと思う日に限って、雨が降ってくるものです。いくら準備しても、準備万端ということはありません。必ず想定外のことが起こるものです。自分が思い描いていなかったそんな想定外のことが起きたときこそ、その人の本当の意思の力が問われるのです。

「雨天決行」慣用語，意為"风雨无阻"。

◇雨が降っても、試合は中止しません。つまり、雨天決行です。／即使下雨，比赛也照旧，也就是说风雨无阻。

原文翻译

暴雨过后，有人看着泥泞的路面，心想："怎么这么倒霉！"有人看着天上的彩虹，心想："真幸福哇！"处境相同，理解各异。无论何事都有积极和消极两个侧面。※神田昌典（1964～）：经营顾问。日本埼玉县人。

人間は「やる気になってからやる」よりも、やっているうちに「やる気が出てくる」生き物なのです。これは大脳生理学でも研究された人間の本質を突いている部分です。つまり「初めの一歩」を踏み出してしまえば、後は脳がその選択の後押しをしてくれる、というわけなのです。※清水 克衛（しみずかつよし）(1961～)：実業家、読書普及協会理事長。東京都出身。

コメント：他人よりほんの少しだけの勇気と、他人よりほんの少しだけの努力は、あなたを他人より遙かに高い位置に立たせます。

原文翻译

人是一种"越干越带劲儿"而非"干了才带劲儿"的动物，这一点揭示了人的本质，在大脑生理学上也得到了证实。也就是说，只要迈出"第一步"，之后大脑会按照最初的选择往前推进。※清水克卫（1961～）：实业家、读书普及协会理事长。日本东京人。

閃（ひらめ）きやセンスも大切ですが、苦しまないで努力を続けられるということが、何より大切な才能だと思いますね。※羽生善治。

コメント：才能がない人間に、残されたのは、諦めずにやり続けることだけ

です。

　才能がなくても、才能のある人の百倍挫折を繰り返し、それを乗り越えてしまえば、きっと追い越してしまうでしょう。

　最高でなくてもいい、自分の伸ばしたい方向を見つけ出し、諦めずに、努力を積み重ねるのが、一番いいですね。

原文翻译

　　灵感和天赋固然重要，但是乐于不断努力才是最宝贵的才能。※羽生善治。

　教わって「知る」、それを自分で使えるようになるのが「分かる」。そのように深めるうち、初めての難しいことも自力で突破できるようになる。それが「悟る」ということ。※大江健三郎（おおえけんざぶろう）（1935〜）：作家、ノーベル文学賞受賞者。愛媛県出身。

　コメント：「知る」から「分かる」、「分かる」から「悟る」へ、何事も「悟る」ことを目標にすると、より深い人間となっていくでしょう。

原文翻译

　　受教为"知"；自用为"懂"；在此过程深化中，也能够自破当初的难点，此为"悟"。※大江健三郎（1935〜）：作家、诺贝尔文学奖获得者。日本爱媛县人。

　「できない理由」ばかり考え、それ以上深く掘（ほ）り下げない習慣がついてしまった人と、「できる手段」をあらゆる方向から考える習慣がついている人とでは、五年後、まったく違った人生になっているだろう。※潮凪 洋介（しおなぎようすけ）（1970〜）：エッセイスト。東京都出身。

コメント:「達成するか」「やらないか」。頑張るということは、すでに言い訳を考え始めているということです。達成することだけに集中すれば、具体的な方法を脳が必死に探し始めるようになります。できない、という考えを頭から捨て去れば、人はできることだけを考えます。

原文翻译

　　有人总想着"做不到的理由"而从不深究,有人总从各个方面思考"做得到的方法",五年后,他们的人生将截然不同。※潮凪洋介(1970〜):随笔作家。日本东京人。

　　ミスしてしまった時周りや環境のせいにすると「不満」になる。自分でもっと工夫しようと考えると「出番(てばん)」になる。問題こそ自分の出番、誰かのせいにしたら、もったいない。※福島正伸。

　　コメント:何かが起こったとき、「100％自分が悪い」と思えば、ものすごく簡単に改良点が見つかり、ものすごく簡単に自分を改良できます。

原文翻译

　　犯错时怪罪周围的人或环境,酿制的是"不满";自己再努把力,创造的则是"机会"。问题的出现就是给自己创造机会。把机会"推诿"出去,岂不可惜!※福岛正伸。

　　三秒で悟る方法とは、一秒目、過去のすべてを受け入れること。二秒目、現在のすべてを受けいれること。三秒目、未来のすべてを受け入れること。これで終わりです。わずか三秒です。※小林正観。

　　コメント:悩み、苦しみというのは、自分が問題だと思う現象を受け入れ

ず、否定し、どうしてもそれを認めることができない、というところから発生しているようです。

原文翻译

所谓三秒顿悟，就是第一秒接受过去的一切，第二秒接受现在的一切，第三秒接受未来的一切。顿悟，仅需三秒。※小林正观。

ワクに捕らわれているときは、自分は困惑、まわりは迷惑。二つのワクを取り去れば、自由な気分で、心ワクワク。※小林正観。

コメント：自分を束縛する枠を取り払って、等身大(とうしんだい)の自分を知って、気負わず、まず自分らしく生きること。それが、ひいては「なりたい自分になる」一番確実な方法です。

原文翻译

画地为牢，自成双困：己困无所适从，人困无从援手。摒弃双困，情自奔放，心自舒畅。※小林正观。

価値ある人生を生きようとしたら、価値ある人生を生きる一番最初に必要なことを作りあげる。すなわち、自分の心のあり方を変えなくてはダメなんですよ。※中村天風。

コメント：運命を好転させるには、三つの心の持ち方が大切です。一つが、感謝、二つ目が、与える心。そして、三つ目が、期待感です。

原文翻译

如若想过一种有意义的人生，首先得创造出有意义人生最需要的东西。那就是必须改变自己的心态。※中村天风。

　私は、物事はなんでも、できるからやるのではなく、やるからできるようになるのだと思っています。実に単純なことですが、この発想には天と地ほどの差があります。※堀之内克彦(ほりのうちかつひこ)(1956〜):堀之内経営労務研究所(社会保険労務士事務所)研究所所長、(株)エムケーパーソナルセンター(人事コンサルタント会社)代表取締役会長。東京都出身。

　コメント:誰もそれができるから一生懸命やるのではなく、どうしてもそれが好きだから頑張ろうと思うし、いつのまにか多くのことが実現してしまっている。そんな不思議さ、あなたは出会ったことないですか。

原文翻译

　　我觉得任何事情都不因会做而为之，而因为之而会做。虽是极为简单的道理，两者却存在着天壤之别。※堀之内克彦(1956〜):堀之内经验劳务研究所(社会保险劳务士事务所)所长、MK个人中心株式会社(人事顾问公司)总裁。日本东京人。

　物事、小事より大事は発するものなり。油断すべからず。※伊達政宗(だてまさむね)(1567〜1636):戦国大名、仙台藩(せんだいはん)の初代藩主(はんしゅ)。

　コメント:手抜(てぬ)きをしないことこそ、一流への条件です。

跟我来ついてこい

「気を抜かず」慣用語,意为"一丝不苟""不泄气"。

　　◇何かを決めたら、絶対に気を抜かずに最後まで頑張って欲しいで

す。/希望你一旦有所决定就绝对要坚持到底。

原文翻译

凡事皆由小至大,不可小觑!※伊达政宗(1567~1636):日本战国时期大名、仙台藩第一代藩祖。

何かを手に入れようと思ったら、まず望むことだ。※カルロス・ゴーン(1954~):ブラジルの日産自動車CEO。ブラジル人。

コメント:望むことを手に入れるために、目標を設定しましょう。すこし背伸びをしなければ手にできないような、高い目標を設定してそこに一歩でも近づけるようにしましょう。適切な目標設定を考えてみましょう。

原文翻译

欲获取,必先热望。※卡洛斯・戈恩(Ghosn Bichara,1954~):巴西日产汽车CEO。巴西人。

嬉しくなくても嬉しそうにふるまいなさい。悲しくなってもできるだけ悲しさを忘れなさい。疲れていても疲れたと口に出すのは止めなさい。マイナスの事柄はつとめてプラスに解釈しなさい。これが好ましい心的態度を作り出す秘訣です。※ジョセフ・マーフィー。

コメント:あらゆる事象には、表と裏の側面があります。その事象の見つめ方次第で、プラスにもマイナスにも思えてくるから不思議です。だとしたら、プラスの面に目を向けてみませんか？無限、永遠、発展、感謝、健康、笑顔…。明るい生命力のある思いの先に、明るい未来はやってきます。

原文翻译

不高兴,做出高兴的样子;悲伤,尽可能忘却;累了,别说出口;坏处,努力朝好处想,这是培养良好心态的秘诀。※约瑟夫·墨菲。

「素質」というのは才能という意味ではなく、「芯から好き」というふうに理解して欲しいのです。※宮城喜代子(1905～1991):生田流箏曲家の。滋賀県出身。

コメント:「熱意は力です。必らず到着せんとするところを指せる、一種の引力です」と言われるように、物事を芯から好きになれば必ず熱意が生まれます。芯から好きだという気持ち、必ずやるんだという熱意、何とかなるさという楽観、思いついたら即行動というフットワークの軽さ、いざとなったら責任をとる覚悟、こうした要素が物事の成就に必要になってきます。

原文翻译

所谓"素质",并非是"才能"之意,希望将其理解为"发自内心的喜爱"。※宮城喜代子(1905～1991):生田流派筝演奏家。日本滋贺县人。

創造は過去と現在とを材料としながら、新しい未来を発明する能力です。※与謝野晶子(1878～1942):歌人、作家。大阪府出身。

コメント:世間で頭角をあらわす人物は、自分の望む環境を自ら捜し求める人物でもあり、もしそれが見つからないときは自分で創り出す人物です。

解説 跟我来ついてこい

「頭角を現す」慣用語,意为"崭露头角""显示与众不同的才华"。

◇彼女がマラソン選手として頭角を現したのは社会人になってからです。/她作为马拉松选手崭露头角是在走上社会之后。

原文翻译

创造就是以过去和现在为素材创作发明崭新未来的能力。※与谢野晶子(1878～1942)：短歌诗人、作家。日本大阪人。

可能な事に時間を使うな、不可能な事に挑戦しろ。汝の心を一点に集中すれば、汝にできないことはない。※釈迦(しゃか)(紀元前463?～紀元前383?)：仏教の開祖。カピラバストゥ(現ネパール)生まれ。

コメント：見せかけでも、勘違いでも、根拠がなくてもかまわないので、自信をもち、強いやる気で、熱意をもって、想いをもって、事に当たることで、不可能だと思われるようなことでも、実現に向けて動き出すということが起きるのです。

原文翻译

切勿费时于可能之事，宜挑战不可能之事。心聚一点，无所不能。※释迦(zaakya，公元前463?～公元前383?)：佛教始祖。出生于迦毗罗卫国(现尼泊尔)。

病気になった、ありがたい。ケガをした、ありがたい。悲しみを感じた、ありがたい。涙がこぼれた、ありがたい。経験なくして人の痛みは分からない。経験なくして人の悲しみは分からない。経験できる幸せと、人の悲しみが分かる幸せは、一生の幸せ。※作者不詳。

コメント：この世に生まれたのも偶然、あなたに会えたのも、今生きている

のも偶然、これって幸せなことではありませんか。

原文翻译
　　疾患为幸,伤痛亦幸。悲伤为幸,落泪亦幸。自己不经历,不知他人痛。自身无体验,不知他人悲。愿此一生,总享体验之幸,总获理解之幸。※佚名。

「何が起こったか」が問題ではない。それを「どう受け止めたか」が問題なのです！いつだって、解決策はそこからしか出てこないのだから。※佳川奈未（よしかわなみ）（生年不明）作家、株式会社POWER FACTORY代表取締役社長。兵庫県出身。

　　コメント：人生とは、「何が起こったか」ではなく、「それをどう解決するか」の積み重ねです。

原文翻译
　　"发生什么事"并不重要,重要的是如何对应。任何时候,解决办法都是由此产生的。※佳川奈未（生年不详）作家、POWER FACTORY株式会社总裁。日本兵库县人。

こだわらずとらわれずとにかく待つ。桜は一年待ってたった七日咲き続ける。桜はそうやって何百年、生きている。桜はすごい。※玄秀盛（げんひでもり）（1956～）：一般社団法人日本駆込寺（くこみでら）代表、株式会社オフィスGEN代表。在日韓国人。大阪府生まれ。

　　コメント：花が咲かない時に根が育ち、花が散ったあとにこそ実（みの）が実（みの）ります。見えない時に成長し、哀（かな）しみのあとに喜びが待っています。ムダなこと

など何もないのです。だから、今のこの一瞬を疎（おろそ）かにせず、一日一日に心をこめて、一生懸命生きていく。それが「切（せつ）に生きる」ということですね。

原文翻译

凡事看得活络，无所拘泥，等待即可。樱花等待一年才绽放七天，但就是这样周而复始延续百载。樱花太棒了！※玄秀盛（1956～）：日本投奔寺一般社团法人代表、株式会社 Office GEN 代表。在日韩国人（大阪出生）。

ところで、「強み」とは何でしょうか？私は一言で言って、「人に教えられることを持っている」ことだと考えます。※本田直之。

コメント：人の強みよりも弱みに目がいく者をマネージメントの地位につけてはならないといわれています。というのは、人のできることに目の向かない者は組織の精神を損（そこ）ないますから。

原文翻译

所谓"强大"是指什么呢？我觉得简而言之就是"拥有可以传授他人的东西"。※本田直之。

喜びもよし、悲しみもまたよし。人の世は雲の流れの如く、刻々（こっこく）に移り変わる。そう思い定めれば人の心の乱れは幾分（いくぶん）かはおさまる。喜べども有頂天（うちょうてん）にならず、悲しめどもいたずらに絶望するなかれ。※松下幸之助。

コメント：たとえ絶望にすっかりとりつかれても、あたかも希望を抱いているかのように振舞わなければなりません。また、どのような運が降りかかろうと、喜びに浮かれることのないように、悲しみに暮れることのないよう

に心がけましょう。万物は流転し、そして運もまた、いつ変わるとも知れないのですから。

解説
跟我来ついてこい

1.「～ども」接续助词，文语，接活用词的已然形，表示逆接的确定条件。意为"即使……也……"。在现代日语中只用于「といえども」「行けども行けども」等固定表达上。

◇彼といえども、この暑さにはすっかり参ってしまいました。/即使是（不怕热的）他也抵挡不住这样的酷暑了。

2.「なかれ」文语形容词「なし」的命令形，接在动词终止形或形式名词「こと」之后，表示禁止之意，相当于现代日语中的「～してはいけない」。

◇先生が残された名著『汝復讐するなかれ』は、憎しみによる復讐の連鎖が断ち切れない社会と人々へ大切なメッセージを発信していると信じます。/我坚信老师留下的名著《汝等勿复仇》向因仇恨而不断复仇的社会及人们发出了重要的信息。

3.「万物は流転する」惯用语，意为"万物轮回"。也可说成「万物流転」。

◇日本人の無常観とは万物が流転して、常住なるものがないということです。/所谓日本人的无常观指的是万物轮回，没有一成不变的事物。

原文翻译

高兴也好，悲伤也罢。人生如流云，瞬息万变。如此想来，心中的躁动就能安定几分。高兴也无需欣喜若狂，悲伤也不至悲观绝望。※松下幸之助。

野原を見て美しいなぁと思う人がいる。美しいとも何とも思わないで、野原はあるぞと思う人がいる。「美しい景色」って、眺める人の心の中にあるみたいだな。※小泉吉宏(1953～):漫画家、絵本作家。静岡県出身。

コメント:美しい景色を探してはいけません。景色の中に美しいものを見つけるのです。

原文翻译

眺望着原野,有人觉得很美,有人觉得无所谓美或不美,只是眼前有一片原野而已。似乎美景只存在于眺望者的心中。※小泉吉宏(1953~):漫画家、连环画画家。日本静冈县人。

健康も長寿も運命も成功も、いえいえ、極論しますと、人生の一切合財のすべてが、この積極精神、というもので決定されるのです。心の態度が積極的だと、お互いの命の全体が積極的に運営される。反対に消極的だと、またそのとおりに全生命の力が、消極的に萎縮せしめられてしまいます。※中村天風。

コメント:積極的な生き方は、すべてを好転させる基本です。その人を積極的にさせる原動力は人によって異なりますが、逆境の時は自分の原動力となるものは何かを、暫し確かめるのもいいでしょう。

原文翻译

健康、长寿、命运、成功,总的来说,极而言之,人生的全部财富,都是由这个积极精神决定的。心态积极,彼此整个生命都会积极地展开。相反,心态消极,相应地整个生命力量就会消极颓丧。※中村天风。

無意識に自分を捨て、相手の身になって相手の眼で世界を眺めると雲うことが即ち惚れたと雲うことなのだ。だからこそ惚れると雲うのはすばらしいのではないか。※隆 慶一郎(りゅうけいいちろう)(1923~1989):作家。東京都出身。

コメント：惚れるのは異性だけではありません。スポーツ、音楽、仕事、それがあなたの生きがい、人格、思考、行動、すべてを創りあげていきます。

原文翻译

不由自主地舍弃自我，站在对方的立场上用对方的眼光看世界，这就是爱慕。所以爱慕是件很美妙的事儿。※隆庆一郎（1923～1989）：作家。日本东京人。

心の中の思いが、私たちを創っている。私たちは、自分の思いによって創り上げられている。※ジェームズ・アレン。

コメント：自分の思いが、これから進む方向に導くという原則をいつも意識しておきましょう。どんな環境であれ、自分自身の舵取り（かじとり）がしっかりできていなければ、望む方向には進めません。望む方向に舵を向けていれば、ゆっくりでも進んでいけます。

原文翻译

心中所想塑造我身。我们是由自己的所思所想塑造出来的。※詹姆斯・爱伦。

成功しようが貧乏だろうが、飲んだくれだろうがエリートだろうが、リストラされようが、結婚できなかろうが離婚しようが、何があろうと何があっても、その時その時を楽しんでいるヤツにはかないっこないっすよ。楽しみましょう！！！こっちには楽しむために来てるんですから。※山志多みずゑ（やました）（1966～）：メンタルセラピスト。東京都出身。

コメント：今世（こんせい）は、神さまからの一回きりのご招待です。今、ここで私たち

は、ご招待を受けています。それは、その神さまが、「楽しみなさいよ」といっているんですよ。

解説
跟我来ついてこい

1.「～だろうが、～だろうが」句型,接在名词、形容动词词干后,接形容词和动词时要用「暑かろうが、寒かろうが」「生きようが死のうが」的形式,意为"不论……还是……"。

◇子供だろうが、大人だろうが、法を守らなければならないのは同じです。/无论大人小孩,在遵纪守法方面都是一样的。

2.「～っこない」形容词型接尾词,接在动词连用形之后,表示对某事发生的可能性进行强烈的否定,意为"不可能……"。与「絶対～しない」「～するはずがない」等含义相近。是比较随便的口语形式,用于关系较亲近的人之间的会话。

◇いくら彼に聞いても、本当のことなんか言いっこない。/无论怎么问,他也不可能说实话的。

3.「～っす」为敬体助动词「です」中「で」的元音脱落而成,多出现在男性用语中。

◇A:田中さんは今日休みですか。

　B:いいえ、もうすぐ来るっす。

　/A:田中今天休息吗?

　B:不啊,他马上过来。

原文翻译

成功抑或贫穷、酒鬼还是精英、失业、找不到对象、离婚……无论发生什么,天塌下来都能乐在其中的家伙无与伦比!乐者无敌!世上走一遭,不乐又何为?※山志多 mizue(1966～):心理治疗师。日本东京人。

　自分を励ますために心の太鼓を叩くという術を、長い間かけて少しは身につけてきたのでしょう。心の太鼓はあくまでも自分で叩かなきゃ、他人は絶対に叩いてくれませんよ。自分で自分の太鼓を鳴らさなきゃ。※飯田 亮(いいだ まこと)(1933～)：日本セコムの創業者。東京都出身。

　コメント：自分を励ます為の一番の方法は何ですか？それは、誰かを励まそうと努力することです。

原文翻译

　　为了激励自己，我们可是经年历月，点点滴滴，才掌握了敲响心中战鼓的本领的。心中战鼓终究得要由自己来敲，别人可是不会为你举起鼓槌的哦！自己的鼓，自己敲。※饭田亮(1933～)：日本西科姆(SEKOM)创办人。日本东京人。

　因果の法則に従って生きることが自力。因果の法則によって、生かされているのが他力。自力も他力も因果の法則の働きです。※作者不詳。

　コメント：「波長の法則」や「因果の法則」が示すように、人生は自分自身の発する言葉や行動で作りあげていくものなので、そこに生きていく喜びがあるのです。

原文翻译

　　顺应因果法则而自生乃自力。依托因果法则而获生乃他力，自力他力皆循因果法则而成立。※佚名。

　行いは俺のもの、批判は他人のもの、俺の知ったことじゃない。※勝海舟(かつかいしゅう)

(1823〜1899)：江戸時代末の幕臣。江戸本所亀沢町出身(現在の東京都墨田区両国の一部)。

コメント：世の中には二種類の人間がいます。できる人間と批判する人間です。…年をとりすぎている、若すぎる、小さすぎる、大きすぎる、遅すぎる、不器用すぎる、経験がなさすぎる、○○過ぎる、△△すぎる…。誰かがレッテルを貼っていかないように寝ている間も片目は開けといたほうがいいかも知れません。ただし、成功者は、過去のレッテルや現在のレッテルをまさに行動をもってはね除ける(の)けようとします。

原文翻译

我行我素。他人评说，与我何干？※胜海舟(1823〜1899)：江户时代末期的幕臣。日本江户本所龟泽町(现在的东京都墨田区两国的一部分)人。

とにかく、「この自分」と付き合うしかない。それは諦めではなく、自己愛というのでもなく、他の選択肢なんか、ないからだ。気に入らないところがあるようだったら、修理したり、改良したり、削ったり増やしたり、変えていきながら、付き合っていくしかない。※糸井重里。

コメント：「自分と仲良く生きる」といい。好きな自分と四六時中いっしょにいる人は、自然と笑顔が多くなり、言葉から刺(とげ)がなくなり、相手の言葉をふんわりと受け止めることができるようになるから不思議です。

解説
跟我来ついてこい

「気に入る」慣用語，意为"称心""喜欢"。

　　◇あいつの言うことなすこと、すべて気に入りません。/那家伙说的、做的我都讨厌！

原文翻译

不管怎样,你只能与"现时的自身"交谊。这种想法既非达观,也非出自孤芳自赏,而是因为别无选择。若有不满意的地方,只能自行修整、自我改善、或削或增,亦改亦善。※糸井重里。

感謝・幸福

　感動を味わった時には、大いに涙を流すことです。面白いと思ったならば、大声で笑うことです。感動する気持ちを抑え込んではいけません。押さえ込むことばかりを繰り返していたら、やがて本当に感動しなくなってきます。脳が感動しないことに居着いてしまいます。そういう状態を「老い」と言うのです。※茂木 健一郎（もぎけんいちろう）(1962〜)：脳科学者。東京都出身。

　コメント：感動の瞬間を人生でどれだけ沢山持つかによって、人間は磨かれます。

原文翻译

　　体会感动，大可尽情挥洒眼泪。回味欢愉，也可肆意放声大笑。无需抑制感动。持续压抑，最后感动就会变成麻木，大脑对任何事情都无动于衷。这种状态就叫"衰老"。※茂木健一郎(1962〜)：大脑科学家。日本东京人。

　過去を振り返った時、過去にどんな幸せがあったとしても今の幸せが一番だと思える、その瞬間が幸せなのだ。※近藤 太 香巳（こんどうふとしかおりみ）(1967〜)：ネクシィーズ代表取締役社長。大阪府出身。

　コメント：人生の中で、今が一番いいです。でも五年後、十年後にも今が一番と言える人生になれるでしょうか。そのために毎日「楽しさ」と「ときめき」を追求し、夢を語り続けていきましょう。

原文翻译

回首往事，感到曾经多么幸福的过往也不及现在的幸福，这种瞬间就是幸福。※近藤太香巳（1967～）：Nexyz公司总裁。日本大阪人。

幸福になる本当のコツ、それは、現在に生きることです。いつまでも過去のことを悔やんだり、未来を思いわずらったりしていないで、今、この瞬間から、最大限度の喜びを探し出すことです。※ジーン・ウェブスター(1876～1916)：作家。アメリカ人。

コメント：日常生活とは、単調なものです。しかし、一日一日をしっかりと生きていくことで、毎日がイキイキとしたものに変わり、「なりたい自分」、「幸せの自分」へ近づくことができるのです。とにかく自分を信じなさい。一生付き合って幸せな気分でいられるような自分を創り出しましょう。

原文翻译

拥有幸福真正的秘诀就是：活在当下！不论何时都请不要后悔过去，烦忧未来。就趁现在——此时此刻——去发掘最大限度的快乐吧！※简・韦伯斯特(Jean Webster，1876～1916)：作家。美国人。

幸せはいつも自分の心が決める。※相田みつを(1924～1991)：書家。栃木県出身。

コメント：幸せは、物質的なものではなく、フィーリング一つによって決められるものです。幸せの尺度は、一人一人違っています。他人と比べる必要もないのです。自分にとって何が幸せか、今一度自分の心に聞いてみましょう。そうすれば、幸せの価値観の異なる他人に相談することもないのです。

原文翻译

幸福与否,取决于心。※相田 mitsuwo(1924～1991):书法家。日本栃木县人。

運命を好転させるには、三つの心の持ち方が大切です。一つが、感謝。二つ目が、与える心。そして、三つ目が、ワクワクです。※野口嘉則(のぐちよしのり)(生年不明)作家。出身地不明。

コメント:疲れて静かに寝る心地よさ、自分は毎晩、静かに寝られることを感謝します。そして寝られない人々のことを思って、どうかして皆、静かに寝られるようにしたいものだと思います。

原文翻译

若想好运临门,勿忘三心:第一,感恩之心;第二,给与之心;第三,期待之心。※野口嘉则(生年不详)作家。出身地不详。

一流の人間は、感謝の人生を送っている。その生き方は、「かけた情は水に流し、受けた恩は石に刻む」という生き方だ。しかし多くの人が、その逆の生き方をしている。「受けた恩は水に流し、かけた情は石に刻む」という生き方だ。感謝を忘れ、不満と怒りに支配される生き方だ。※清水英雄(しみずひでお)(1946～):株式会社ヒューマンウェア研究所長。出身地不明。

コメント:この世に生きていると、人間はいろいろ思いがけない経験をします。それらは善(よ)かれ悪(あ)しかれ、好ましいものも好ましからざるものも、人間の成長を助け、人格を向上させるものだそうです。だったら、感謝の人生を送らなければ、人は一流に成れないでしょう。

 **解説** 跟我来ついてこい

「善かれ悪しかれ」慣用語，文語，意为"好歹""无论如何"。

◇人はだれでも善かれ悪しかれ周囲の人を感化しています。/每个人或好或歹总要影响他周围的人。

原文翻译

优秀之人过着感恩的生活。他们的人生信条是："付出恩情任水流，所得恩惠刻于石。"然而大多数人却恰恰相反，"所得恩惠任水流，付出恩情刻于石"。他们忘记感恩，过着被不满与愤怒所支配的生活。※清水英雄（1946～）：Human Ware 研究所长。出身地不详。

何よりも大事なのは笑って愉快に生活すること。そのために私たちが発すべき言葉は、「嬉しい」「楽しい」「幸せ」「愛している」「大好き」「ありがとう」「ツイている」の七つ。これが、七福神ならぬ「祝福神（しゅくふく）」。※小林正観。

コメント：「初めにコトバありき、コトバは神なり」と言われています。言葉を明るく、笑顔を明るく、態度を明るく、そうすれば人脈が広がり、いろんな事を教えてくれる人があなたの前に現れるでしょう。

 解説 跟我来ついてこい

1.「ツイている」是慣用語「運がついている」的省略形式，表示"运气好"。

◇僕ってだめな人間ですね。負けてばっかりで、いつもツイていないんです。/我真是没用啊。总是失败，从来没遇到好运气。

2.「はじめにコトバありき、コトバは神なり」《新约圣经》"约翰福音书"第一章的名言，意为"万事源于神语，语言乃神也"。其中「（あり）き」为文语过去助动词，接动词连用形后，表示"过去"或"完了"，相当于现代日语的过去助动词

「た」。

◇「はじめにコトバありき、コトバは神なり」と言われたように、言葉は人間にとって最も大事なものであろうと思います。/正如"万事源于神语,语言即神"所说,我认为对于人类而言,语言是最重要的。

原文翻译

微笑着愉快地生活胜过一切。为此我们应将这七句话常挂嘴边:"开心""快乐""幸福""我爱你""非常喜欢""谢谢""真幸运"。这些是跟七福神一样的"祝福神"。※小林正观。

大抵の人は、幸せを人生のゴールや目標にしますが、これは大きな間違いです。幸せはゴールではなく、プロセスです。※ポール・ウィルソン(1946～):医療コンサルタント。アメリカ人。

コメント:幸不幸や成功失敗を決めるのは、ゴール自身にあるのではなく、それへの途上にあると言えるのではないでしょうか。

原文翻译

人们大多把幸福作为人生目标,这就大错特错。幸福非终点而是过程。※保罗・威尔逊(Paul Wilson,1946～):医疗顾问。美国人。

期待値が「ゼロ」まで下がれば、自分に今あるものすべてに間違いなく感謝の念が湧く。※スティーヴン・ホーキング(1942～):物理学者。イギリス人。

コメント:何事にも感謝することはあるもので、感謝しているとマイナス思考になる暇がありません。もし,不平不満があるとしたら、それは感謝が足りないからかも知れません。

原文翻译

　　如果将期待值降到零，人们必定会对自己目前所拥有的一切心生感恩之念。※斯蒂芬·霍金(Stephen Hawking,1942～)：物理学家。英国人。

　　闇の中に置かれたがゆえに、それまで知らなかった様々の「明るさ」のありがたさが分かるのです。それこそ「当たり前が輝いて」見えてくるのです。
※渡辺和子(1927～)：ノートルダム清心学園理事長。北海道出身。
　コメント：仕事もそうです。どんなにつつましい仕事の中にも偉大なことを成し得る機会は存在していますし、成功への鍵は必ず見つけ出すことができるのです。だがそのためには、闇の中に置かれていても、「きっとうまくいく」という心構えが必要です。そうした心構えがあってこそ、ほとんどの仕事を覆いつくしているありふれた日常というカーテンを開け放ち、隠れた可能性を輝く陽光のもとに晒すことができるのです。

原文翻译

　　处于黑暗之中，才能领悟到之前忽略的各种"光明"的可贵之处，也正因为如此，人们才能够逐渐看清"平凡事物中的闪光点"。※渡边和子(1927～)：Notre Dame 清心学园理事长。日本北海道人。

　　未来の幸福を確保する最上の方法は、今日できうるかぎり幸福であろうとすることだ。※チャールズ・エリオット(1834～1926)：教育者。アメリカ人。
　コメント：足りないものを探す人生から、満ち足りている部分に目を向けて感謝する人生へ。そうすれば、人間は確実に幸せになります。

原文翻译

确保将来幸福的最佳方法就是：让今天尽可能地幸福！※查尔斯·爱略特（Charles Eliot，1834～1926）：教育家。美国人。

難題や障害は、それを乗り切るための新しい才能と能力を見つけ出すための「神の贈り物」です。※イザベル・マイヤー（生年不明）バイオリニスト。スイス人。

コメント：障害は、障害だと思うから障害なのですよ。そう思わなければ、不思議なことに、チャンスになります。

チャンスが、チャンスの顔をしてやって来たら、誰でも、きっと分かるし、逃すことなんて、めったにないだろうと思います。けれども、チャンスは違う顔をしてやってくることがほとんどで、それをちゃんと見つけられるかどうかというところから試されます。

原文翻译

难题和障碍，都是神的恩赐——为了让你获得新的才华和能力来超越它们。※伊莎贝尔·梅尔（Isabel Meier，生年不详）小提琴家。瑞士人。

私は、人間の本当の幸せとは、「充実感のある生き方」だと思っています。骨を折らない、つまり、努力を必要としない仕事に充実感はありません。山登りに生き甲斐を感ずるのは、山登りが大変だからです。ラクじゃないからです。ラクじゃないから充実感があるんです。※相田みつを。

コメント：仏陀は、目的を設定し毎日の無駄をなくしていくことで人生の充実感を得ることができると言っています。それに、取るに足らないと思っ

ても、仕事をむげに断ってはいけません。その仕事が何をもたらすか、やってみなければ分からないのですから。

解説
跟我来ついてこい

「骨を折る」慣用語,表示为实现某个目的而煞费苦心,意为"竭尽全力""卖力气"。
　　◇弟の就職のために、友人にいろいろと骨を折ってもらいました。/为弟弟找工作的事情,让朋友费了不少心。

原文翻译
　　我觉得人真正的幸福就是"拥有充实感的生活"。不费筋骨,也就是不需付出努力的工作是无法获得充实感的。登山之所以会让人感受到生存的意义,就是因为登山很辛苦,不轻松。正因不轻松,才有充实感。※相田mituwo。

「幸せ」は、掴むものでも、成るものでもない。「幸せ」とは「感じる」ものである。「幸せ」は感じた人にのみ、そこに存在する。※小林正観。
　　コメント:幸せになる時は今です。幸せになる場所はここです。幸せになる方法は、他の人を幸せにすることです。

原文翻译
　　幸福并非伸手能探之物,亦非天降之物。幸福是种感觉,只存在于能感受到幸福的人之中。※小林正观。

今から言うことは、この世界における偉大な真実の一つだ。「女性は、好きになった男の全てが好きになる。」そして、もう一つ、この事実を付け加えて

おこう。「この世の中には、キムタクよりあなたのほうがカッコイイ、という女性が必ずいる。」もし俺が人も羨むルックスの持ち主であれば、この人生で感じることのできた多くの喜びを感じることができなかっただろう。生まれつき、人に誇れるルックスも、人が羨む才能も、何も持っていない。しかし、その「持っていない」という事実こそが世界からの贈り物なのだ。信じられないか？うん。きっと信じられないと思う。そのことが簡単に分かってしまわないように、世界は作られているのだと思う。※水野敬也(1976～)：作家。愛知県生まれ。

コメント：こんな自分を愛してくれる人がいるだろうか、結婚できるだろうかと、婚活中の誰もが思っていることでしょう。不思議といるんです。あなたの全てが好きだと言ってくれる人が。半分だって、25％だっていいじゃないですか。あなたもその人が少し好きなんでしょう？目の前の人を大切にしましょう。

解説
跟我来ついてこい

1.「キムタク」日本超人气团体SMAP成员木村拓哉的昵称。作为演员、歌手、电视艺人，木村拓哉受到国内外影迷的热烈推崇。
　◇ねえ、キムタクが出演した「空から降る一億の星」というドラマを見たことがありますか。けっこう面白いですよ。/哎，你看过木村拓哉主演的电视剧《从天而降的一亿颗星星》吗？很有意思的。

2.「婚活」是「結婚活動」的略语，指日本的青年男女为找到意中人、实现美满婚姻而参加的各种相亲活动。
　◇素敵な出会いが少ないために、婚活をする人が年々増えてきました。/由于少有浪漫的邂逅，所以参加相亲活动的人逐年增多。

原文翻译
　　现在我要说的是这个世界上一个伟大的事实："女人若喜欢上一位男士，便会喜欢他的全部"。再补充一个真相："这世上一定有女人觉得你比木村拓哉还

要帅。"如果我拥有令人艳羡的容貌,可能就无法感受到这段人生当中所拥有的这么多的喜悦了吧。既没有"与生俱来、人见人夸的容貌",也没有"令人羡慕的才能"。可正是这种"与生俱'无'"的事实才是这个世界对你的馈赠。不相信?嗯,我想你一定不信。其实世界就是这样被创造出来的,不会那么简单就让你明白其中道理的。※水野敬也(1976~):作家。日本爱知县人。

　　人間には結局思い出しか残らない。金でもなければ、名誉地位でもない。出会いの喜びと感激、その思い出が大きければ大きいほど幸せなのだ。※藤本憲幸(1947~):健康法指導家。愛知県出身。

　　コメント:最後の瞬間、人は何を思うのでしょう。思い出の中で自分を愛してくれた人々の顔ではないでしょうか。今からでも遅くありません。自分を愛してくれる人を幸せにしましょう。

原文翻译

　　人最后剩下的既不是金钱财富,也不是名誉地位,而是回忆。邂逅时的感激与喜悦的回忆越多就越幸福。※藤本宪幸(1947~):健康指导专家。日本爱知县人。

　　コロンブスが幸福であったのは、彼がアメリカを発見した時ではなく、それを発見しつつあった時である。幸福とは生活の絶え間なき永遠の探求にあるのであって、断じて発見にあるのではない。※フョードル・ドストエフスキー(1821~1881):作家。ロシア人。

　　コメント:常に探求の途上にいれば、あなたの幸福は尽きることの知らないものになります。

「断じて~(ない)」句型，后项为否定表现，意为"绝对不……"。

◇罪のない子供まで殺してしまったなんて、断じて許せません。/甚至杀害无辜的孩子，绝对不能饶恕！

原文翻译

哥伦布的幸福时光，不是在他发现美洲大陆的时候，而是在将要发现新大陆的时候。所谓幸福，存在于对生活永无止境的探索过程中，绝不存在于发现中。※陀思妥耶夫斯基(1821～1881)：作家。俄罗斯人。

　無心さ、純闇さ、素直さなどは人の心を打つ。その力は、こざかしい知恵を遙かに凌駕する。※吉川英治。

　コメント：無心さ、純闇さ、素直さで、ひたむきに事にあたれば、岩をも砕く如きに、達成することができるでしょう。

原文翻译

　最能打动人心的就是天真，纯洁，诚实。它们的力量远远超过卖弄小聪明。※吉川英治。

　ほかならぬこの目的のためには、今日という日がただ一度限りで二度とは来ないことを、絶えず肝に銘じておくがよかろう。ところが我々は、今日という日が明日もまた来るように思っている。明日はまた明日で一度しか来ない特別な一日なのである。※ショーペンハウアー。

　コメント：幸せを得る唯一の秘訣は、「一日一日を最善に生きる」ことにあ

るのです。

解説
跟我来ついてこい

「ほかならぬ」連語,意为"既然是"或者"无非是"。

◇留学試験に合格したのは努力の結果にほかなりません。/留学考试通过无非是你努力的结果。

◇ほかならぬあなたのお言葉ですから信用しましょう。/既然是您这么说,我就信吧。

原文翻译

既然是为了这个(人生)目的,就应当铭记:时不再来。可我们总认为:"今天这个日子明天还会再来。"其实"明天"又会是一个时不我待的特别一天。※叔本华。

人生を幸福にするためには、日常の瑣事(さじ)を愛さなければならぬ。※芥川龍之介。

コメント:大災害が起きて非日常の毎日が続くとき、誰もが日常の瑣事を愛おしく思うに違いありません。世界の人々にとって「おはよう」から「おやすみ」まで、当たり前のような日々がずっと続くことを祈ります。

原文翻译

若想人生幸福,须爱日常琐事。※芥川龙之介。

この世で一番楽しい人生の過ごし方。それは、「自分の存在が喜ばれているという喜びを、実感しながら生きていく」ということ。※小林正観。

コメント：私たちが生まれてきた意義は、「いかに喜ばれる存在になるか」ということに尽きるのです。

原文翻译

世上最快乐的人生是"自己的存在能够愉悦他人,同时自己也能感受这份喜悦"。※小林正观。

毎日の仕事の中で、自分で自分をほめてあげたいという心境(しんきょう)になる日を、一日でも多く持ちたい、そういう日をつみ重ねたいものだと思います。※松下幸之助。

コメント：毎日生きていけることに感謝し、また、自分を生かし続ける自分にも「ありがとう」と言って励ましましょう。

原文翻译

每天的工作中,总会有想自我赞美的时刻,希望拥有更多这样的时刻,积累更多这样的时刻。※松下幸之助。

災難に遭遇しないのが最上の幸運なのに、人はこれを普通のこととし、災難に遭って奇跡的に助かると、非常な幸運とする。※海音寺潮五郎(かいおんじちょうごろう)(1901～1977)：作家。鹿児島県出身。

コメント：物事に悲観的になっている人やしょげている人には、けっして運とツキはおとずれません。明るく頑張っている人、努力を惜しまない人に運とツキはやってくるものです。

 *解説*
　　　跟我来ついてこい

「ツキ」名词,汉字写作「付き」,意为"好运"。所构成的惯用语有「ツキが回る/时来运转」「ツキが変わる/运气改变」等。

◇みなさんにもツキが回ってくるように、ここで聞いた良い話をシェアします。/我说一件听来的好事儿给大家转转运。

原文翻译

没有比与灾难擦肩而过更万幸的事儿了,可人们认为此乃理所当然,而把遭遇灾难并奇迹般得到救助看作万幸。※海音寺潮五郎(1901～1977):作家。日本鹿儿岛县人。

辛い日々を送ってきた人にとって、何事も起こらない平穏な一日は、限りなくありがたいものです。平穏な日々は、当たり前ではなく「恵み」です。それを感じ取る力を育てることが、人間を成長させ、幸福にするのではないでしょうか。※鈴木秀子。

コメント:一年のうち、何日かの大きな幸せな日より、毎日の「恵み」を感じて、ささやかな日常の幸せを大切にしていきたいものです。

原文翻译

对于那种在痛苦中挣扎的人而言,能风平浪静地度过一天就幸运之至。安稳的日子并非理所当然,而是恩惠。培养这种对恩惠的感知力,可以使人们成长且幸福美满。※铃木秀子。

幸福になる秘訣をお教えしよう。できるだけいろいろなものに興味を持

ち、物事であれ人間であれ興味を感じるものを無視せず、できるだけ好意的に接することだ。※バートランド・ラッセル(1872～1970):哲学者。イギリス人。

コメント:心理学には「好意の返報性(へんぽうせい)」という法則(ほうそく)があります。つまり「人は自分に好意を持ってくれた相手を好きになりやすい」のです。友達が大勢いる人と、そうでない人とは、何が違うと思いますか? それは、その人が何人の人を好きになることができたか、という差です。

原文翻译

幸福的秘诀在于:使你的兴趣尽可能广泛,善意地接近你所感兴趣的人或事,切勿无视。※伯特兰・罗素(Bertrand Russell,1872～1970):哲学家。英国人。

幸福な人生を歩んでいる人は、言葉の使い方を知っています。言葉は選んで使いなさい。言葉の選択一つで、人生は明るくも暗くもなるのです。※ジョセフ・マーフィー。

コメント:言葉には「言霊(ことだま)」という霊的(れいてき)エネルギーが宿っていて、軽視(けいし)できない力を持っています。

原文翻译

但凡拥有幸福人生的人,都懂得如何措辞。请使用正确的措辞吧。正是一句措辞,可以让人生发生180度的转变。※约瑟夫・墨菲。

感謝はあなたが成長し広がるのを助けます。感謝はあなたの人生に、喜びと笑いをもたらすだけでなく、あなたの周りにいるすべての人々の人生にも

喜びと笑いをもたらします。※アイリーン・キャディ。

　コメント:感謝の心が高まれば高まるほど、それに正比例して幸福感が高まっていきます。感謝の言葉は、ポケットにしまってはいけません。

原文翻译

　　感恩有助于你的成长和发展,感恩不仅会给你的生活带来欢声笑语,同时也会感染到你周围所有的人。※艾琳・凯迪。

　不幸な人の共通の過ちは、わが身に幸せが訪れることを、決して信じたがらないことである。※セネカ。

　コメント:「幸せ」とは「何かを得る」とか「欲しいと思っていたものを手に入れる」ことではなく、「今の自分が幸せの中にいること、幸せの中に存在していること」を知ることです。

原文翻译

　　不幸之人的通病:他们总是自欺欺人地认为幸福不会来敲自己的门。※塞涅卡。

　現在の状況を不幸だと考えている間は、決して夢を叶えたり、幸福を掴んだりすることはできません。いつまで経っても過去の出来事の解釈を変えることができないからです。逆に言えば、現状を最高だと考えられる人は未来において夢を叶え、幸福を手にしているも同然です。※苫米地英人(1959～):計算言語学者、認知心理学者。東京都出身。

　コメント:良い言葉を使いましょうね。何事も感謝しましょう。積極的な心とは、物事の良い面を見ることです。そうすることで、自然と出世もする

し、健康にもなります。つまり、精神的なところをしっかりすれば、何でもうまくいきます。ツイてる人になるということです。

原文翻译

嗟叹时运不佳之时,根本无从谈及实现梦想、把握幸福。因为人们永远无法改变对过去事情的解释。反而言之,那些认为现状为最佳时机的人笃定在未来实现梦想,抓住幸福。※占米地英人(1959～):计算语言学家、认知心理学家。日本东京人。

今を幸せと思える人は、十年後も幸せでいられる。収入が少なくても、幸せな人がいる。収入が多くても、不満ばかりの人がいる。幸せに基準はない。幸せは自分の思い込みにすぎない。つまり、自分が幸せと思えば幸せになる。※福島正伸(ふくしままさのぶ)。

コメント:「いつか」幸せになるのではなく、幸せと思うことを見つければ「今」幸せになることもできます。

原文翻译

能够感受当下幸福之人,10年后也会是幸福的。有人虽薪金菲薄,却也乐得怡然自得;有人赚得盆满钵满,却终日牢骚满腹。幸福没有标尺,它不过是种心态。简而言之,自感满足,你便幸福。※福岛正伸。

「感謝」と「笑顔」と「賞賛」を浴びせると、その相手はすごく元気になるらしい。「感謝」の「か」、「笑顔」の「え」、「賞賛」の「し」をとって、「おかえしの法則」。※小林正観。

コメント:終始一貫(しゅうしいっかん)、笑顔で通すようにしてみてください。笑いは強者の

証明で、怒りは敗北者の烙印です。楽しく生きるために、今、笑いましょう。それで怒りとは無縁です。怒るのは、敢えて失敗を選ぶ愚か者です。智慧ある人は迷わず笑う道を選ぶでしょう。難しいことは何もありません。笑顔を投げかけていると笑顔に囲まれます。不運な人、体の弱い人は、ひとしお、笑いに努力するのです。笑うにつれて、人生の幸福と幸運がどんどん開けてきますから。

「ひとしお」副詞，文語，表示"与其他场合相比程度更高"，意为"更加""越发"。

◇雨の中の紅葉はひとしお美しく見えます。/雨中的红叶看起来格外美丽。

原文翻译

施人以"谢意""笑颜""赞美"，人便如沐春风，精神抖擞。人情往来之法则，尽在"谢""笑""赞"三字之中。※小林正观。

私たちには、父から一万、母から一万、合わせて二万の遺伝子が伝えられています。私たちの中には親が生きているのですよ。※日野原重明(1911〜)：聖路加国際病院理事長。山口県出身。

コメント：恩の自覚の程度が人間の程度を表します。最も大切な命の根源は両親であり、このことに思い至って親を尊敬し、大切にして日夜孝養を尽くせば、すばらしい家庭の人になります。

原文翻译

我们的身体是由分别来自于父、母亲身体里各一万个遗传基因塑造而成

的。父母时刻与我们同在。※日野原重明(1911～)：圣路加国际医院理事长。日本山口县人。

幸福な人とは、過去の自分の生涯から、満足だけを記憶している人々であり、不幸な人とは、それの反対を記憶している人々である。※萩原朔太郎(はぎわらさくたろう)(1886～1942)：詩人。群馬県出身。

コメント：良かったことに目を向けて、考え方をプラスにするように心がけましょう。どこに着目(ちゃくもく)するかで、ものの見方や考え方は変わってくるし、それが将来へのイメージにもつながります。目線がプラスになるよう意識しましょう。

原文翻译

幸福之人只铭记过往生涯中满足的部分。不幸之人则正与之相反。※荻原朔太郎(1886～1942)：诗人。日本群马县人。

幸せというのは、今の不幸の逆ではないような気がします。不幸だから次に幸せが来るものではなく、今、笑顔さえあれば幸せなのかも知れません。※唐土 新市郎(からつちしんいちろう)(1970～)：株式会社船井総合研究所執行役員(しっこうやくいん)。大阪府出身。

コメント：きっと世界の共通言語は英語じゃなく、笑顔だと思います。

原文翻译

我觉得幸福并不是你正经历的不幸的反面。不幸后幸福不会接踵而至。或许现在，笑容一展，幸福立显。※唐土新市郎(1970～)：船井株式会社综合研究所执行董事。日本大阪人。

誰しも幸福を望みますが、それを実感することにおいてはきわめて鈍感(どんかん)です。※日野原重明。

コメント：普段当たり前だと感じていることにも、感謝の気持ちを持つようにしましょう。失った時に、始めてそのありがたさに気がつくのではなく普段から意識してみましょう。その感謝の気持ちが、よい習慣を作り出していきます。

原文翻译

人人期盼幸福，对幸福的感受力却非常迟钝。※日野原重明。

「要求して」「叶ったら」の「幸せ」を数えるより「すでにいただいている」「幸せ」を数える方が、遙かに数が多いみたいだ。※小林正観。

コメント：愚か者は、遠いところに、幸せを探し求め、賢い者は、自分の足元(あしもと)に、それを育てます。

原文翻译

细数那些已经到手的幸福，你会发现它们似乎远比你所冀望的要多得多。※小林正观。

「幸福な人」とは「成長している人」です。また「不幸な人」とは、いかなる原因が背景にあれ「成長が止まった人」です。※ジョン・デューイ（1859〜1952）：哲学者。アメリカ人。

コメント：ある人は、自分はだめな人間だと感じてしりごみしてしまいま

す。一方、ある人は、次々と失敗を繰り返しながら、大きく成長していきます。

原文翻译

所谓"幸福的人"，就是"不断成长的人"。所谓"不幸的人"，就是因为种种原因而"停止成长的人"。※约翰・杜威（John Dewey，1859～1952）：哲学家。美国人。

幸せな人や幸せになれる人はどんな人か？それは、自分がなりたいもの、手に入れたいもの、やりたいことが何なのかを知っている人です。つまり、自分が何になりたいのかを充分に考えている人です。そんな考える時間を大切にしている人です。その結果、誰よりも面白くて楽しくて幸せな毎日を過ごしています。※唐土新市郎。

コメント：一日を大切にしましょう。その差が人生の差に繋がりますから。

原文翻译

幸福的人、会幸福的人都是什么样的人呢？就是那些知道自己想要变成什么、想要得到什么、想要做什么的人。也就是说，他们是这样的人：充分思考自己想要成为什么样的人，留出充分的思考时间。结果他们过着最有乐趣、最开心幸福的日子。※唐土新市郎。

人を蹴落（けお）として不幸にすれば、波動の原理から、不幸は自分に返ってきます。自分のことのように他者やものを大切にする生き物が、自分も人も幸せにする、真の自然の理にかなった正しいあり方なのだと私は思っています。

※船井幸雄。

コメント:自分が幸せになるためには、人を幸せにする事が一番の近道のようです。他人のために何かをするということは、実は、自分を最も幸せにする方法なのです。

原文翻译

按照落井下石、害人者必害己的周期性原理,不幸迟早会返回自身。我认为推己及人方能让自己与他人同获幸福。这才是符合真正的自然规律的正确做法。※船井幸雄。

多くのモノを持つ者と持たざる者、そのどちらが幸せであろう。持つ者か、それとも持たざる者であろうか。もしも多くを持つ者がそれを失うまいとし、持たざる者がそれを欲するとすれば、そのいずれをも不幸であるといわざるを得ない。物の多少に幸不幸があると考える人は、本当は不幸である。なぜなら、自分自身を含めて、あらゆる物質は、やがては大地や大気に還元(かんげん)されてしまうからである。幸せな人とは、失う物のない人をいう。

※高橋(たかはし)信次(しんじ)(1927〜1976):宗教家。長野県出身。

コメント:「為しあわせ」という言葉が「幸せ」という言葉の語源だそうです。つまり、幸せとは、お互いに「してあげあう」ことを言うのです。

原文翻译

腰缠万贯者与家徒四壁者哪个幸福呢？腰缠万贯者？还是家徒四壁者？如果患得患失,那么这两者均非幸福之人。以物质多少计算幸福是真正的不幸。因为,世上万物——包括我们自身——最后都会洗尽铅华、回归自然。所以幸福的人就是一无所失之人。※高桥信次(1927～1976):宗教家。日本长野县人。

感謝とは「感じたことを、言葉で射る」と書きます。つまり、感じたことをありのままにパッと伝えるのが感謝です。ですから、感じても言葉や態度に表わさなかったら、それは感謝ではありません。ありがたいと思ったら、口や言葉や文章で相手に伝える行動が必要です。※竹田陽一（1938～）：ランチェスター経営株式会社代表取締役。佐賀県出身。

コメント：感謝は人間関係をうまくするコツですし、自分の人生体験を豊かにするコツでもあります。

原文翻译

　　"感谢"二字可写作"感言射"。心有所感，马上直截了当"射出"言辞来表达，才是感谢。因此，心有所感却不诉诸言辞，就不称其为感谢。觉得承恩，就应该通过口头、言语、文章等方式传达给对方。※竹田阳一（1938～）：Lanchester 经营株式会社董事。日本佐贺县人。

勤勉は、まさに若返りの妙薬である。最も忙しい人間が最も幸福なのは、そのためなのだ。※セオドア・マーティン（1816～1909）：詩人。スコットランド人。

コメント：充実感がある忙しさを感じられるように心がけましょう。自分の目標に向かっていれば、忙しさは苦にならないし充実感が持てます。目指す方向とずれていれば、忙しさは苦痛や不満になってしまいます。

原文翻译

　　勤勉才真正是返老还童的灵丹妙药。世间最勤勉之人最幸福。※西奥多·马丁（Theodore Martin,1816～1909）：诗人。苏格兰人。

　長年の鬱憤(うっぷん)の原因を深く考えてみると、実はただ一言、「ごめんね」や、「ありがとう」という言葉が足りなかっただけなのではないでしょうか。※船井幸雄。

　コメント:深い思いやりから出る感謝のことばをふりまきながら日々を過ごします。これが、友を作り、人を動かす妙諦でしょう。

原文翻译

　　反思常年郁闷的缘由，其实没准就是少了一句"对不起"或"谢谢"。※船井幸雄。

　結局のところ、私たちが、目の前の現象をどう思うか、感じるかであって、「幸せ」という名の現象が宇宙に存在するわけではありません。だから、普通に歩けることが幸せだと思った人には、幸せが一個。目が見えることを幸せだと思った人は、幸せが二個、手に入る。耳が聞こえて幸せ、口で物が食べられて幸せ、鼻で呼吸ができて幸せ…というふうに考えていったら、いくらでも幸せが手に入ります。※小林正観。

　コメント:幸せを手に入れるのではありません。幸せを感じることのできる心を手に入れるのです。

原文翻译

　　宇宙中并不存在冠名为"幸福"的现象。就看我们对于眼前的现象怎么认为，怎么感受。因此，如果你认为能正常行走是幸福，你就拾取了一个幸福；如果你认为眼明能见是幸福，你就拾取了两个幸福。耳聪能闻，幸福！口享美食，幸福！呼吸顺畅，幸福！……如是观之，幸福不绝。※小林正観。

能力・仕事

自分の能力は無限で、不可能はないんだと信じましょう。そうしないと何をするにしてもスタートができない。※稲盛和夫。

コメント:あなた自身が信じていないことは、口で言っても、書いても、また、どのような行動をしてみても、他人を動かすことはできません。

原文翻译

让我们相信自己的能力是无限的,没有什么是不可能的。否则无论何事都无法起首。※稻盛和夫。

時間の使い方は練習によって改善できる。だが絶えず努力しないかぎり仕事に流される。※ピーター・ドラッカー(1909～2005):経営学者。ユダヤ系オーストリア人。

コメント:時間をどう使うかによって人生が決まる。常に時間を意識して過ごそう。時間の使い方も努力次第です。

原文翻译

时间的使用方法可以通过练习得到改善。不坚持努力,就会被工作牵着鼻子走。※彼得・德鲁克(Peter Drucker,1909～2005):经营学家。犹太籍奥地利人。

　毎日毎日の試合を全力でプレーして、それを積み重ねていくしかない。そのためには一打席一打席、一球一球集中してプレーするしかない。※松井秀喜(1974～):プロ野球選手。石川県出身。

　コメント:小さいことを重ねることが、とんでもないところに行くただ一つの道だと感じています。

原文翻译

　　每天的比赛我们只能全力以赴,并坚持不懈。为此,我们只有一个场次一个场次、一个球一个球地去认真打。※松井秀喜（1974～）:职业棒球运动员。日本石川县人。

　自分の仕事は、自分の一生を充実させるためにある。※武者小路実篤(1885～1976):作家。東京都出身。

　コメント:働く目的やその価値観は人それぞれ違いますが、一日のうちで多くの時間を費やしている、仕事をしている時間が充実できるようにすれば、人生も豊かになるでしょう。

原文翻译

　　我们工作就是为了让自己一生充实。※武者小路实笃（1885～1976）:作家。日本东京人。

　誰でもできる当たり前のことを誰にもできないくらいやり続けると本物

になり、やがて個性になる。そして、光り輝く人生がある。※田中勉(たなかつとむ)(生年不明)経営コンサルタント。福岡県出身。

　コメント：人間の幸せ、人生の輝きは、金でも、地位でもありません。天職についているという気持ちで、元気に働いている満足感です。

原文翻译

　　将谁都能做的普通之事坚持做到无人能及就是专业，随之成为个性，然后便是辉煌的人生。※田中勉(生年不详)经营顾问。日本福冈县人。

　自分が望んでいることがよく分からないという人は多い。漠然とした期待ではなくて、本当に心の底から手にしたいと強く思えることをはっきりとイメージできるようになろう。建前ではなく本音で考えてみよう。企業に勤めると、冷(ひ)や飯(めし)を食わされるときもある。その時にグチをこぼしたり、腐ったりして、仕事をろくにしない人が多い。成功する人とは、この冷や飯を上手に食べた人であるといってよい。※川上哲治(かわかみてつはる)(1920～)：元プロ野球選手、監督。熊本県出身。

　コメント：成功に至る第一歩は、自分が心で何を望んでいるかを見つけ出すことです。それがはっきり分からないうちは、何を期待しても駄目でしょう。

跟我来ついてこい

1. 「冷や飯を食う」慣用語，意为"坐冷板凳""受冷遇"。
　　◇上司にねたまれて、冷や飯を食わされてしまいました。/被上司嫉妒而受到排挤。
2. 「ろくに」副词，常与否定表达呼应，意为"不能好好地""不令人满意"。

◇ろくに知りもしないのに勝手なことを言うなんて全く間抜けなやつです。/一窍不通却大放厥词，真是个愚蠢透顶的家伙。

原文翻译

很多人都不是很清楚自己想要什么。不要模糊期待，而要把真正发自内心、强烈想要获得的东西清晰地勾勒出来。不要表面文章，而要实实在在地思考。在企业上班，有时会遭遇冷板凳。此时，很多人会抱怨、沮丧、应付工作。可以说成功者就是那些能够巧妙地坐冷板凳的人。※川上哲治（1920～）：原职业棒球运动员、教练。日本熊本县人。

一年先、二年先、三年先の「あるべき姿」を持っている人は毎日の仕事が輝き、持たない人は、ただの作業に追われている人です。※ジャック・ウェルチ（1935～）：GE最高経営責任者。アメリカ人。

コメント：「あるべき姿」を持って自分の仕事を愛し、その日の仕事を完全に成し遂げて満足しました。こんな軽い気持ちで晩餐の卓(たく)に帰れる人が、世にもっとも幸福な人でしょう。

原文翻译

那些拥有1年后、2年后、3年后"应有姿态"的人，每天的工作都会大放异彩，而没有此状态的人只是工作缠身。※杰克・韦尔奇（Jack Welch，1935～）：通用电器总裁，首席执行官。美国人。

僕のビジネスのモットーはただ一つ、絶対自分にダメと言わないこと。※モルガン・バフキン（生年不明）。出身地不明。

コメント：弱音を吐けば、気持ちや体力まで弱くなります。

原文翻译

我的经营理念只有一个,就是绝不对自己说"不行!"※摩根·巴福金(Morgan Bahkin,生年不详)国籍不详。出生地不详。

プロとは仕事と自分を一体化させることです。職業はなんだっていい、一つの仕事に徹しさえすれば必ず達人の領域に達せられるはずです。プロフェッショナルのプロにはプロセスのプロという意味もありましてね、人生で本当に大切なことは結果ではなくてプロセスなんですよ。※平田精耕(ひらたせいこう)(1924～2008):元臨済宗天竜寺派(てんりゅうじはかんよう)管長。京都府出身。

コメント:大きな目標を達成するほどプロセスが大切ではないでしょうか。

原文翻译

"专业"就是将自己与工作一体化。具体什么职业无所谓,只要自始至终坚持一项工作,必能成为此领域的达人。"专业"的"专"亦含"过程"之意。人生中真正重要的不是结果,而是过程。※平田精耕(1924～2008):原临济宗天龙寺派管长。日本京都人。

やることを誰よりも沢山抱えていて、働く気のある人が、最も沢山の時間を見出すことになる。※サミュエル・スマイルズ。

コメント:本当に時間が必要で欲しいと思えば、真剣にどうすれば良いかを考えるものです。そこまで真剣でなければ、忙しいと嘆くだけで終わってしまいます。自分の工夫で、貴重な価値ある時間を創り出していきま

しょう。

原文翻译

百事缠身且富有干劲之人，更能挤出时间。※塞缪尔・斯迈尔斯。

不景気は商売がうまくいかない原因ではなく、平等に与えられた条件にすぎない。※藤田田（ふじたでん）(1926〜2004)：日本マクドナルド創業者。大阪府出身。

コメント：才能のある人や会社は不景気じゃないんです。不景気なところは才能が不景気なんです。

原文翻译

"不景气"不是生意不好的原因，只不过是大家获得的一个平等条件。※藤田田(1926〜2004)：日本麦当劳创始人。日本大阪人。

もういい加減、「もっと効率的に儲ける方法はないんですか」とか、「もっと簡単に稼げるノウハウはないんですか」といった経営相談を受けることにうんざりしてきました。「ねーよ」の一言で終わりです。あっても、こういう意識の人たちには教えられません。どんな商売も、どんなビジネスも、即効性（そっこうせい）のノウハウなどより、長期的な根底意識がよっぽど大切です。「即効性のあることをいろいろやる」ことよりも、「正しいことをずっとやり続ける」ことのほうが重要です。※弘中勝（ひろなかまさる）(1974〜)：ウィンビット代表取締役。福岡県出身。

コメント：「楽すれば楽が邪魔して楽ならず、楽せぬ楽が遙か楽楽」この言葉は、富山の薬（くすり）売りの成功の秘訣として代々受け継がれてきました。現代

の私たちにもとても役に立つ言葉です。

解説
跟我来ついてこい

「楽すれば楽が邪魔して楽ならず、楽せぬ楽が遙か楽楽」由于包含七个「楽」字而被称为「七楽の教え」。意为"如果现在追求享乐也许会得到短暂的快乐，但此后你要偿还这部分的快乐而变得不快乐。另一方面，如果你不为享乐而是辛辛苦苦地劳作，那你所获取的将是巨大的快乐"。

原文翻译

"没有更快赚钱的方法了吗？""没有可以更简单赚钱的秘诀了吗？"适可而止吧！这样的经营咨询让人不胜厌烦，只能以一个"没有了！"来结束谈话。即使有，也不会告诉有如此想法的人。不论什么样的买卖，什么样的生意，与速效的秘诀相比，长期的基本意识要重要得多。与其"做各种各样立竿见影的事儿"，不如"始终坚持正确的事儿"，这才更重要。※弘中胜（1974～）：Winbit董事。日本福冈县人。

報酬以上の仕事をしないものは、仕事並みの報酬しか得られない。※エルバート・ハバード(1856～1915)：作家。アメリカ人。

コメント：自分の付加価値を出すことで、相手の期待を上回(うわまわ)る仕事をしましょう。もし自分が相手の立場だったら、どんなことを更にしてくれれば満足度が100％以上になるのかを考えて、その部分をプラスしてみましょう。

原文翻译

不做超出报酬的工作，只能得到与所做工作相应的报酬。※阿尔伯特·哈伯德(Elbert Hubbard,1856～1915)：作家。美国人。

ブラジルでサッカーの神様と言われたジーコが「日本で一番弱いチームを強くしたい！」と鹿島アントラーズを名指しして来日した。来て何をやったかというと、来る日も来る日も基礎訓練、基本練習を繰り返した。「なんでこんなことやらないといけないんだよ」と選手が文句をいってもやらせた。しかし、徹底した基礎訓練と基本練習のおかげでJリーグ初代王者になった。何を言いたいかというと、基礎訓練は退屈です。同じことを来る日も来る日もやって、一つも派手なことはない。地味であるがゆえに、退屈。しかしこの退屈で苦しいことをどう耐えてやるか。それが実は伸びるための力を蓄える時期になっていったわけです。※鍵山秀三郎（1933～）：株式会社イエローハット創業者。東京都出身。

コメント：剣道、柔道など、スポーツも基本練習が重要です。学問を含めすべてがそうです。基本のできない人がすぐに高度な技ができるはずがありません。もし高度な技ができたとしたら、目に見えないところで必死になって基礎訓練をしているのでしょう。

原文翻译

被称为巴西足球之神的济科（Zico）来日指名执教鹿岛鹿角队，声称"要将全日本最弱的队变强！"他来日后都做了什么？日复一日地重复基础训练、基本练习。即便有队员发牢骚说："为什么必须做这些？"依然没有让他们停止训练。可是，最后就是凭借这种根本的基础训练和基本练习，该队首次在J联赛中获得了冠军。我想说的是，基础训练很枯燥。日复一日地重复同样的事情，没有丝毫的炫酷。正因为平实，所以枯燥。可是怎样才能克服这种枯燥而又痛苦的训练呢？这实际上就成了为成长而积蓄力量的时期。※鍵山秀三郎（1933～）：Yellow Hat Ltd 创始人。日本东京人。

売れるセールスパーソンのセールストークランキング。第一位:とにかく相手の話を良く聞く。第二位:世間話八割、仕事二割でまず自分を気に入ってもらう。第三位:相手の年代層に合わせた言葉で話す。第四位:いい点を探して褒めるが、見え透いたお世辞はご法度。※日本経済新聞アンケートより。

コメント:よいセールスマンになるコツは、まず聞き上手になることです。そこから信用や信頼感が得られます。また、相手に気に入られる最上の方法は、あなたが聞いた通りに、相手が語ったことを再び語ることです。また、人と話をする時は、その人自身のことを話題にしましょう。そうすれば、相手は何時間でもこちらの話を聞いてくれます。

原文翻译

优秀推销员的营销攀谈技巧排行榜。第一名:无论内容如何,认真倾听;第二名:通过80%闲谈、20%营销内容的方式,首先让客户喜欢自己;第三名:使用符合客户年龄层的语言进行交谈;第四名:寻找对方优点进行赞美,但要避免明显的恭维话。※《日本经济新闻》问卷调查。

人間の能力というのは、そんなに大きな差はない。人の能力の差なんて、天才は別にして、秀才まで入れても最高5倍、普通は2倍ぐらいだ。しかし、やる気の差は100倍ある。だから、能力が無いから役に立たないということはない。※永守重信(1944~):日本電産創業者。京都府出身。

コメント:天才とか聖人とかいう人を除けば、人間はみな似たりよったりの能力と、感情の持ち主です。これを悟らなければならないと思います。つまり、我も人なら、彼も人なのです。すると、能力の差は決して勝負の決め手

にはならないようですね。

 解説
跟我来ついてこい

「似たりよったり」慣用語，意为"差不多""大同小异"。

◇今年の卒業生の作品はどれも似たり寄ったりですね。目立ったものは一つもありません。/今年毕业生的作品都大同小异，没有一个引人注目的。

原文翻译

人的能力，相差甚微。人的能力差别，天才暂且不论，即便把英才包括在内，最多相差5倍，通常情况下也就2倍左右。但是，干劲的差别却达100倍。可见，所谓没有能力就发挥不了作用这种事儿不存在。※永守重信(1944～)：日本电产创始人。日本京都人。

仕事に対する考えを整理するとか、熟考(じゅっこう)するとか口走(くちばし)るのは、おおかた仕事を逃れる口実(こうじつ)である。※カール・ヒルティー。

コメント：誰でもできるかも知れない「仕事」を与えられたら、その時こそ、誰にもできない「仕事」にしてやろうと思ってください。

原文翻译

说什么要理顺工作思路，要深思什么的，多半是逃避工作的借口。※卡尔·希尔提。

仕事に悩みがあって、その悩みからヒントを得て解決するという時に、始めてコツが分かってきます。経営にとって、非常に難しい状態とか悩みとか

いうものは本当は大きなプラスなのです。経営も済済も、行き詰まれば行き詰まるほど必ず道は開けてくるのです。※松下幸之助。

コメント:行き詰まりは進歩発展の前ぶれと捉えましょう。

原文翻译

工作有烦恼,从烦恼中得到提示并解决烦恼之时,才能知晓其中窍门。对于经营来说,艰难的处境也好,烦恼也好,实际上都是巨大利好。经营与经济均如此:越碰壁越能找到新路。※松下幸之助。

五年間、必死で働く意志と体力さえあったら、年齢に関係なく必ず成功できる。※安藤百福。

コメント:とにかく、チャンピオンはジムで作られるものではありません。彼らの奥深くにある『何か』で作られるのです。たとえば願望、夢、ビジョン。そのためにはどんな土壇場でも耐えるスタミナと、少しばかりのすばしっこさ、そして技術と意志が必要でしょう。だが、意志の力はどんな技術よりも更なる強さを与えてくれます。

 解説
跟我来ついてこい

「土壇場」名词,意为"绝境""最后关头"。

◇明日が試験ですから、彼はもう土壇場まで追い詰められているようです。/明天考试,他已经是背水一战了。

原文翻译

只要有拼命工作的意志和体力,5年必获成功,这与年龄大小无关。※安藤百福。

20

　人事異動(じんじいどう)は一般に言われているほど不公平とは思われない。その証拠に自分の人事異動を不公平だと言う人は多くても、他人の人事異動を不公平だと言う人は多くない。※堀田 力(ほったつとむ)(1934～):財団法人さわやか福祉財団理事長。京都府出身。

　コメント:優れた才能の持ち主はいつも同じところに留まっていると、駄目になります。

原文翻译

　　人事变动并非如大家所说的那样不公平。很多人抱怨自己的人事变动不公平,但却很少有人指责说他人的人事变动不公平,这就是证据。※堀田力(1934～):财团法人SAWAYAKA福祉财团理事长。日本京都人。

21

　絵画であれ、いかなる美術においてであれ、ほかに秀(ひい)でようと決意した者は、起きた瞬間から寝るまで、心のすべてを一つの対象物に集中させねばならない。※ジェームス・バリー(1860～1937):作家、劇作家。イギリス人。

　コメント:成果を上げる人は最も重要なことから始め、しかも一つに集中します。

原文翻译

　　不论是绘画,还是其他任何艺术,若想出类拔萃,就必须从起床的瞬间到入睡,所有心思都集中在一个对象上。※詹姆斯・巴里爵士(Sir James Matthew Barrie,1860～1937):作家、剧作家。英国人。

リスクのない利益、危険のない経験、労働のない報酬を得ようなんて、生まれずに生きることと同じくらい不可能だ。※A・P・ゴージー(生年不明)哲学者。出身地不明。

コメント:リスクをとることに不安を感じるなら、あまり大きなリスクはとらない方がいいかも知れません。しかし、全くリスクをとらないというのは、実は最も大きなリスクだということは覚えておいた方がいいでしょう。

原文翻译

不承担风险就能获利,不经历危险就能成长,不经劳作就有收获,这就像未经出生就有生命一样是完全不可能的。※A．P．Gouthev(生年不详)哲学家。出生地不详。

目の前の仕事に専念せよ。太陽光も一点に集めなければ発火(はっか)しない。
※グラハム・ベル(1847～1922):発明家。アメリカ人。

コメント:今の仕事を好きになれないのでは、違う仕事に就いても好きになれません。今の仕事に一生懸命になれないのでは、違う仕事でも一生懸命になれません。今の仕事を好きになって一生懸命やったとき、次なる道が見えてくるものです。そもそも天職はなるものではありません。気がついたらなっているものです。

原文翻译

专心于眼前的工作吧。阳光也只有聚焦到一点才能点燃。※亚历山大・格拉汉姆・贝尔(Alexander Graham Bell,1847～1922):发明家。美国人。

人のやっていないことをやると実りが大きい。やれそうもないことを成し遂げるのが仕事というものである。※安藤百福。

コメント：手なれたものには飛躍がありません。常に強烈なシロウトとして、危険を犯(おか)し、直感に賭けてこそ、閃(ひらめ)きが生きるのです。

原文翻译

做别人未做之事，志得意满，完成看似不可能完成之事，这叫工作。※安藤百福。

私は、教授の哲学に基づいて「奇跡をもたらす芝居」をした。教授は、私たちに「あたかも」幸福であるように振舞えと説いている。もしあなたが「あたかも」自分の仕事に興味を持っているように振舞えば、そのちょっとした仕草によってあなたの興味には真実味が増してくるだろう。そのおかげで、疲労・緊張・悩みは軽減するだろう。※ミス・ゴールデン(生年不明)一般女性。出身地不明。

コメント：その仕事が好きでなくても興味を持って仕事しましょう。その人が嫌いでも笑顔で接するようにすれば、きっとよい結果が現れてくるでしょう。でも、決して本心を顔に出さないことです。

原文翻译

我秉承教授的哲学，进行了"能够带来奇迹的表演"。教授一直教导我们：要表现得"好像"非常幸福。如果你表现得"好像"对自己的工作感兴趣的话，稍微的举止也能增加你兴趣的真实感。对吧。如此一来，疲劳、紧张、烦恼也会减轻。※Miss Golden(生年不详)普通女性。出生地不详。

経営とは、「五つの蓄積」である。一、信用を蓄積すること。二、資本を蓄積すること。三、奉仕を蓄積すること。四、人材を蓄積すること。五、取引先を蓄積すること。※早川徳次(1893〜1980):シャープ創業者。東京都出身。

コメント:経営者は陣頭に立って経営の指揮を取っています。そうしないと、会社はつぶれてしまい、多くの社員が路頭に迷います。信用、資本、奉仕、人材、取引先、どれ一つとっても一朝一夕にはできないことばかりです。

「陣頭に立つ」慣用语,意为"身先士卒""带头"。

◇わが社の社長は自ら陣頭に立って、営業作戦を展開しています。/我公司的老总亲自带头,制订营销计划。

原文翻译

经营就是五种积累:一、积累信用。二、积累资本。三、积累服务。四、积累人才。五、积累客户。※早川徳次(1893〜1980):夏普公司创始人。日本东京人。

「仕事のプロ」として一流の評価を得ている方々とお付き合いして、いつも感心することは、あまりネガティブな事を語らないことです。「そんなことできないよ」とか「それはうまくいかないよ」といった否定的な言葉を、あまり口にしないのです。※田坂広志。

コメント:物事を後ろ向きに考えても、成果は出ません。「ポジティブ・シンキング」を心がけましょう。

原文翻译

与被誉为"工作专家"的人们交往，总是佩服不已的是：他们很少有消极的言辞。比如"那个我可不会啊""那可行不通哦"等消极的话，基本不说。※田坂广志。

ある仕事ができるかと聞かれたら、「もちろんできます」と返事することだ。それから懸命にそのやり方を見つけよ。※セオドア・ルーズベルト(1858〜1919)：米国26代大統領。

コメント：「前例がないからやめておこう」そういうアイデア・キラーの言葉があります。「前例は破るためにある」「前例がないからやってみよう」そういう新しい発想を持った挑戦者になって欲しいものです。

原文翻译

如果有人问你能否完成某项工作，不妨回答"当然能"，然后再努力设法去做。※西奥多・罗斯福（Theodore Roosevelt，1858〜1919)：美国第26任总统。

「この人物は頭がいい。きっとビジネスでも優秀に違いない」と思っていた人が部下になったとたん、意外にそうでもないことがあります。特に営業関係の人に、こういう見掛け倒しの人が少なくありません。その理由は簡単に説明出来ます。

営業訪問で、十人に会って九人が買ってくれたA君と、十人に会って三人しか買ってもらえないB君なら、優秀なのはA君です。

しかしA君が十人に会っている間に、もしB君が四十人に会ったとしたら、

単純に計算して成約数は四倍の十二人ですから、成績上位はＢ君。

　Ａ君同様、優秀に見えるのに成績が上がらない人は、身体を動かしていないのです。

　営業の仕事は、分母(ぶんぼ)を増やすことが大切です。それほど優秀に見えない社員やノンキャリアの社員がトップ営業マンになるケースが多いのは、人並み外れたバイタリティがあるからなのです。

※長谷川和廣(はせがわかずひろ)(1939〜):CPI会社力研究所代表。千葉県出身。

　コメント:あなたが持っているものを、それを必要としている人に売るのはビジネスではありません。あなたが持っていないものを、それを必要としない人に売るのがビジネスです。

原文翻译

　　被认为"此人头脑聪明,必定善于经商"之人一旦成为部下,结果往往让人大跌眼镜。尤其在从事营销工作的人中,徒有其表的主儿屡见不鲜。个中缘由说起来很简单。

　　上门推销时,Ａ君与Ｂ君都拜访了10位客户。如果有9人向Ａ君购买,而只有3人向Ｂ君购买,那么,优秀的当然是Ａ君。

　　但如果在Ａ君拜访10位客户期间,Ｂ君却拜访了40位客户的话,简单计算就能发现,Ｂ君成交数为原来的4倍,即12件,所以业绩较好的是Ｂ君。

　　那些看起来优秀,可业绩却上不去的人,其实和Ａ君相同:没有行动起来。

　　营销工作,重要的是要增加分母。往往那些看起来并不怎么优秀,或者没有经验的员工,最后反倒成为了顶尖的营销人员,这是因为他们有着超常的活力。

　　※长谷川和广(1939〜):公司能力研究所代表。日本千叶县人。

　効率や能率ばかりを追求していると発想は行き詰まる。ムダや遊びにも価値を見いだすべきです。※森政弘(もりまさひろ)(1927〜):東京大学工学博士。愛知県

出身。

　　コメント：考え方や時間の使い方に、変化をつけるようにしてみましょう。論理的に考えるだけでなく、時には自由な発想をしてみましょう。今とは逆の考え方をしてみると、視点も変わりアイデアも浮かんで来ます。

原文翻译

　　一味追求效率和效益，构想就会遭遇瓶颈。因此，徒劳与余裕亦有其价值。※森政弘（1927～）：东京大学工学博士。日本爱知县人。

　世の中の変化、お客様のニーズの変化こそが、最大の競争相手なのです。
※鈴木敏文（すずきとしふみ）（1932～）：セブン＆アイ・ホールディングスCEO。長野県出身。
　　コメント：変化に早く適応すること。遅れれば、適応できなくなるかも知れません。最大の障害は自分自身の中にあります。自分が変わらなければ好転しません。

原文翻译

　　社会的变化与客户需求的改变才是最大的竞争对手。※铃木敏文（1932～）：Seven＆I执行总裁。日本长野县人。

　スポーツでも音楽でも、何か新しいことをやるときは、必ず基礎を練習しないと上達しません。ビジネスも同じです。しかし人間悲しいかな、基礎を一番やりたがらない。でもビジネスはそういうわけにはいきませんから、やはり基本、基本、基本です。※原田泳幸（はらだえいこう）（1948～）：日本マクドナルドホールディングスCEO。長崎県出身。

　　コメント：ある有名な俳優は、「私は毎日、二時間の基本レッスンをやって

います。これは私の舞台を支えている大事なレッスンです」と語っています。まさに「基本」の神髄(しんずい)を摑んだ発言ですね。一日練習しなければ自分に分かります。二日練習しなければ批評家に分かります。三日練習しなければ聴衆に分かりますね。

原文翻译

  体育也好，音乐也好，任何事自开始起都必须夯实了基础才能有所长进。经营亦如此。可悲的是，人最不愿意做的就是夯实基础。可经营绕不过这点，基础、基础、基础，除此无他。※原田泳幸(1948～)：日本麦当劳执行总裁。日本长崎县人。

面白い仕事とか、面白くない仕事というのは基本的にないと思う。面白い仕事の仕方と、面白くない仕事の仕方が存在するだけである。そして、面白い仕方をしていると、結果として仕事が面白くなる、と考えている。※山崎(やまさき)将志(まさし)(1971～)：ビジネスコンサルタント。愛知県出身。

  コメント：成功の秘訣は、職業をレジャーとみなすことです。

原文翻译

  我觉得从根本上讲，工作不存在有趣与无趣之分。只存在有趣的工作方式与无趣的工作方式。而且我一直认为：如果采用了有趣的工作方式，工作本身也会变得有趣起来。※山崎将志(1971～)：商业咨询顾问。日本爱知县人。

日々の仕事で直面する課題に対して「徹底的に考え抜く」ということができない人が、直観力(ちょっかんりょく)や洞察力、大局観(たいきょくかん)といった高度な知的能力を身につけ

ることは、決してないのです。※田坂広志。

コメント:能力や資質よりも、徹底してやることくらい物事を成就させるものはありません。

原文翻译

对于每天在工作中直面挑战却不能"彻底深入思考"之人,不可能培养出直观力、洞察力、大局观等高度才智。※田坂广志。

仕事を与えられることは、チャンスを与えられたことだと考えましょう。仕事の力をつけるには、仕事をするしかありません。成長する人は、そう考えています。※飯塚保人(いいづかやすんど)(生年不明)経営コンサルタント。出身地不明。

コメント:「これをやりにおれが生まれてきた。このことだけを考えればよい。」という自負(じふ)を持って、仕事をしたいものです。

原文翻译

把分配给我们的工作看作是赋予我们的机会吧。成长之人都会这样想:只有通过工作才能拥有工作能力。※饭塚保人(生年不详)经营顾问。出生地不详。

この世にいて思うのは、才能に気づく前に辞めてしまう人が、いかに多いかということです。食えないからとか、結婚したからとか。好きなことでメシが食えたら確かに幸せです。でも、そのために問われるのは、「いつまで好きでいられるか。どこまで好きでいられるか」なんです。※今村ねずみ(いまむら)(1958〜):俳優、演出家。北海道出身。

コメント:幸福の秘訣は、自分がやりたいことをするのではなく、自分がやるべきことを好きになることです。

 **解説** 跟我来ついてこい

「メシが食える」慣用语,原形为「飯を食う」,意为"生活""糊口"。此处表示"能够自给自足"。

◇あいつにメシが食えるようにしてやってください。/给他个饭碗,让他能够活下去。

原文翻译

我觉得世上有很多人在察觉到自己的才能之前就放弃了。或因难以糊口,或因结婚成家。做喜欢的事儿且能糊口,的确安逸。不过,有必要反诘自身:"你能喜欢到什么时候?你能喜欢到什么地步?"※今村鼠(1958〜):演员、编导。日本北海道人。

どこかに好きな仕事があるわけじゃなくって、目の前にある仕事を好きになれるかどうかだけなんだよ。どこかに理想の相手がいるわけじゃなくって、現実の出会いの中でその相手を好きになれるかどうかだけだよ。※作者不詳。

コメント:現実を正しく認識し、受け入れるように努力することを通して自分の好きな新しい「現実」を作り上げる人生は、幸せではありませんか。

原文翻译

并非在某处有自己喜欢的工作,只看你能否喜欢眼前的工作;并非在某处有理想的搭档,只看你能否欣赏在现实中邂逅的对象。※佚名。

新しいことを試みようとするときには正解なんてない。でもそこで一番

大切になってくるのが、自分の中にだけは「正解」と言えるものを持っているということ。※阿部　秀司(1949〜)：映画のプロデューサー。東京都出身。

　　コメント：本当の答えなんて、誰も知らないのです。あなたが「これでいい」と思える道、「失敗したってかまわない」と割り切れる道、それが、あなたにとって正しい道なのです。試みのないところに、正解や成功なんてあった試しはないのです。

跟我来ついてこい

「割り切れる」動詞，此处表示"想得开""想得通"。
　　◇いくら説明されてもどうも割り切れません。/不管他人怎么说明，我还是想不通。

原文翻译

　　尝试新事物时无所谓正确答案。此时至关紧要的是，在你心中须存一个唯你独有的"正确答案"。※阿部秀司(1949〜)：电影制片人。日本东京人。

　　好きなことをして、あっという間に一日を過ごした人は、本当にあっという間の分しか歳をとっていない。いつまでも若々しくいるには、好きなことをしながら生きること。※須藤　元気(1978〜)：格闘家。東京都出身。

　　コメント：やはり好きなことに無心に打ち込むことが人間がその人本来のよさ、天真を発揮する上で、とても大切なことだと思います。

原文翻译

　　做喜欢之事让一天时间倏忽而过之人，其年岁其实也就只长了倏忽一瞬。想要青春永驻，就得做喜欢之事，以此生存下去。※须藤元气(1978〜)：格斗选手。日本东京人。

物事に熱中できなければ、いくら才能があってもいつまでも芽を出さない。※デール・カーネギー。

コメント:天職も最愛の人も、見つけるものではなくて、情熱で創り上げていくものです。

做事欠热忱，才思难激发。※戴尔·卡耐基。

ハーバード大学卒業生に関する追跡調査

3％の卒業生が、明確な目標と具体的な計画を設定し、紙に書いていた

13％の卒業生が、目標は設定したが、紙は書いていなかった。

84％の卒業生が、目標を設定していなかった。

で、卒業生は十年後どうなったのでしょうか？

1. 目標はあるが紙に書かなかった13％の卒業生は、目標のない84％の卒業生の二倍の収入を得ていた。

2. 目標を紙に書いた3％の卒業生は、残り97％の卒業生の十倍（！）の収入を得ていた。

コメント:設計図を描きましょう！

もしもあなたが、家を建てるとするならばいきなり木を切り始めるでしょうか。先に設計図を描くのではないでしょうか。

航海図を持ちましょう！

もしもあなたが、航海に出るなら、いきなり船を漕ぎ始めるでしょうか。先に航海図を用意するのではないでしょうか。

世の中を見渡してみると、いきなり木を切り始めたり、いきなり船を漕ぎ

始めたりしている人ばかりです。

だから、ヘンテコな家しか建たないし、海で遭難している人ばかり。

よりよい人生を歩みたいのなら、いきなり歩き出してはいけません。しっかりと、どこに歩きたいのかを考えてからでなければなりません。

哈佛大学毕业生追踪调查

毕业生中，3％目标明确且已作出书面的具体计划；13％目标确定，但未落实至书面；其余84％未确定目标。

那么，这些毕业生十年后发生了什么变化呢？

1. 目标确立但未落实至书面的13％毕业生，其收入是未确立目标的84％毕业生的两倍。

2. 目标明确且已有书面计划的3％毕业生，其收入是其余97％的10倍！

人間関係

　不機嫌というものは、結果でもあるが、それに劣らず原因でもある。※アラン。

　コメント：不機嫌は立派な環境破壊だということを、忘れないでいましょう。私たちは時に、顔から、口から、態度から、ダイオキシンを出していないでしょうか。これらは大気を汚染し、環境を汚し、人の心をむしばむのです。笑顔で生きるということは、立派なエコなのです。

原文翻译

　不高兴,既是结果,也是原因。※阿兰。

　自分が孤独だと感じたことのない人は、人を愛せない。※瀬戸内寂聴（せとうちじゃくちょう）(1922〜)：尼僧、作家。徳島県出身。

　コメント：心の痛みを知らない人は、人を愛することもできないでしょう。

原文翻译

　未曾体验孤独的人不会对人生情。※瀬戸内寂听（1922〜）：大僧正、作家。日本徳岛县人。

　心理学では、実は人間が伝達する情報の中で話す言葉の内容そのものが占

める比率は7％に過ぎず、見た目、身だしなみ、表情、声の大きさ、質、テンポが93％を占めているという研究結果が出ている。実に九割以上が見た目で判断している。※竹内一郎(1956～):演出家。福岡県出身。

コメント:人間の第一印象というのは、その人に最初に会ってから「五秒」でその人の印象というのが決まるそうです。第一印象というのがいかに大切かが分かります。

原文翻译

心理学研究结果显示,语言沟通只占人际沟通有效信息的7％,而通过外貌、仪表、表情、音量、音质、语速等非语言沟通的则占到93％。其中9成以上是通过外貌判断的。※竹内一郎(1956～):编导。日本福冈县人。

不妄語…でたらめを言わない。不悪語…人の悪口を言わない。不両舌…人が仲たがいするようなことを言わない。不綺語…お上手を言わない。
※慈雲(1718～1805):真言宗の僧侶。大阪府出身。

コメント:学問のある他人が全部自分より良く見え、どんな話でも素直に耳を傾け、自分自身に吸収しようと努めましょう。綺麗な言葉遣いや素直な態度は接していて気持ちが良いものです。単なるお喋りは、自己満足でありストレス解消にはなりますが、聞く方にとっては苦痛以外の何物でもないことがあります。

解説
跟我来ついてこい

1.「お上手を言う」慣用語,意为"说奉承话""拍马屁"。
　　◇彼はすぐお上手を言いますから、信用できません。/他动不动就说奉承话,不能相信他的。

2.「～以外の何物でもない」句型,接名词或动词连体形后,表示强烈的肯定,意为"不外乎是……""无非是……"。

◇娘さんが遠くから時間とお金をかけて度々親のあなたを訪ねてくれることは親孝行以外の何物でもありません。/你闺女不惜时间、金钱经常从老远赶过来看你这个母亲,无非是对你的孝顺。

原文翻译

不妄语:不说虚妄荒诞之话。不恶语:不说粗鲁无礼之语。不两舌:不挑拨离间。不绮语:不进奉承之言。※慈云(1718～1805):真言宗僧侣。日本大阪人。

あなたがたとえ氷(こおり)のように潔癖(けっぺき)で雪のように潔白(けっぱく)であろうとも、世の悪口はまぬがれまい。※ウィリアム・シェイクスピア。

コメント:人の言うことなど気にしないで、人があっと言うようなことを成し遂げようと、全力を尽くすことです。

「あっと言う」慣用語,意为"吃惊""佩服"。

◇彼女はパーティーにセクシーなドレスで現れて、皆をあっと言わせました。/她身穿性感的晚礼服出现在聚会上,令众人大吃一惊。

原文翻译

即使你高洁如冰、清白如雪,也难逃世俗诽谤。※威廉·莎士比亚。

頼まれごとにはお負けをつけて応じよう。※ロバート・シュラー(1926

～):牧師。アメリカ人。

コメント:人から何か頼まれたら、プラスアルファのサービスを付け加えてみましょう。

「お負けをつける」慣用語,意为"另外奉送""白送"。

◇売れない商品にお負けをつけたらいかがでしょうか。/对于卖不出去的商品,用加送赠品的方式销售如何?

原文翻译

受人之托,忠人之事,不妨锦上添花。※罗伯特·舒乐(Robert Schuller,1926～):牧师。美国人。

相手の長所と向き合えることを、自分の長所にしてごらん。※斎藤茂太。

コメント:相手の長所を見ることで、自分の考えをプラスに変えていきましょう。相手の短所ばかりを批判して、自分の考え方までマイナス思考に陥らないように長所を探し、認める練習をしていきましょう。自分の成長に役立つと考えてやってみましょう。

原文翻译

不妨将欣然承认对手的优点作为自己的长处看看?※斎藤茂太。

他人が自分のことをどう思うかなんて気にしないことです。気にしたところで、相手の気持ちをコントロールすることなんてできないのですから。
※アン・ウィルソン・シェイフ(生年不明)精神科医。出身地不明。

コメント:自分がコントロールできることに意識を向けましょう。自分ではコントロールできないことを、どんなに気にしても変えることはできません。自分の努力で変えられることに目を向けて、自らの力で前進していきましょう。

原文翻译

　　无需介意他人如何看待自己。因为即使在意，也无法控制他人的想法。※安·威尔逊·谢夫(生年不详)精神科医生。出生地不详。

　　英語ができても国際人になれない。日本のことをよく知り、他国の人の悲しみを理解できる人間になって欲しい。※藤原正彦(ふじわらまさひこ)(1943〜):数学者。中国長春(ちょうしゅん)生まれ。

　　コメント:寛容であるということは、他者の行動や気持ちに無関心でいるということではありません。そこには理解と共感がなければなりません。

原文翻译

　　即便通晓英语也无法成为国际人士。熟知日本之事，又能解他国民之忧伤，希望我能成为这样的人。※藤原正彦(1943〜):数学家。出生于中国长春。

　　私は、人の存在は、時に「発光体(はっこうたい)」であると感じることがある。その人の輝きが、人をも輝かし、そしてお互いが照らし合う。人と人とのよき関係とは、そういうものだろうと思っている。※斎藤茂太。

　　コメント:お互いを照らし合う、よき関係を築いて行きましょう。

原文翻译

　　我觉得人有时就像一盏灯。一个人的光芒照亮他人，同时也被他人照亮。

人际关系,便是如此。※斎藤茂太。

謙虚な人は、どんな人に対しても、態度が変わりません。自分のレベルが高くなればなるほど視点が高くなり、遠くまで物事が見える一方、自分の智恵(え)のなさを痛感(つうかん)するからです。※船井幸雄。

コメント:自分への教育は自分の無知を認めることから始まります。

原文翻译

谦虚之人对任何人的态度都始终如一。因为他们随着水平增长,看待事物的眼光也变得高远,也更能痛感自己智慧的缺乏。※船井幸雄。

他人を認める心の原点は、自分を大切にすることだ。ボクが、バリアフリーを目指す活動を始めるようになったのは、「ボクには、ボクにしかできないことがある」という想いからだった。しかし、それはボクだけに課せられたものではない。誰にも、「その人にしかできないこと」があるはずなのだ。

※乙武洋匡(おとたけひろただ)(1976～):スポーツライター、『五体不満足』著者。東京都出身。

コメント:「生きている意味」について、誰よりも深く考える機会を持った乙武さんの言葉には重みがあります。

原文翻译

对他人产生认同之心的原点在于重视自我。我开始参加无障碍活动源于这样一个想法:我有我的绝活。当然,这并不是说任务只能由我一个人来完成,因为每个人都有"唯我独有的绝活"。※乙武洋匡(1976～):体育撰稿人,《五体不满足》的作者。日本东京人。

真に永続する友情というものは、まず互いに相手の愚を認め、その愚を許し、更にそれを愛するようにならなければならない。※森田草平(もりたそうへい)(1881～1949)：作家。岐阜県出身。

コメント：友を得るには相手の関心を引こうとするよりも、相手に純闇な関心を寄せることです。

原文翻译

真挚永恒的友情理应如此：首先，认同对方的愚钝；然后，接受这些愚钝；最后，爱上这些愚钝。※森田草平(1881～1949)：作家。日本岐阜县人。

賢人は七つの長所を備えている

1. 自分よりも賢い者の前では聞いていること
2. 他人が話す時に邪魔しないこと
3. 答える前に考えること
4. 話題と関係のある質問をし、筋が通っている答えをすること
5. 最初にしなければならぬことを最初にし、最後にしなければならないことを最後にすること
6. 知らないことを知らないと答えること
7. 真実を常に尊ぶこと

※タルムード(ユダヤ教の聖典(せいてん))。

コメント：決して利己的な賢人になって欲しくないと思います。他人の憂いが分かる人になって欲しいものです。

解説 跟我来ついてこい

「筋が通る」慣用語，意为"有条理"。

◇君が出したレポートは筋が全然通らないですよ。もう一度書き直してください。/你交上来的报告毫无条理可言，要重新写。

原文翻译

贤人七贤

1. 聆听贤人之语
2. 不断他人之言
3. 三思后而慎答
4. 提问切入话题，回答清晰顺畅
5. 做事有条不紊，决不本末倒置
6. 不知为不知
7. 尊重事实

※《塔木德经》(犹太教的法典)。

「口」は、人を励ます言葉や感謝の言葉を言うために使おう。「耳」は、人の言葉を最後まで聴いてあげるために使おう。「目」は、人のよいところを見るために使おう。「手足(てあし)」は、人を助けるために使おう。「心」は、人の痛みが分かるために使おう。※腰塚勇人(こしづかはやと)(1965〜)：元中学校体育教師。神奈川県出身。

コメント：生きているということは誰かに借りを作ること。生きて行くことは、誰かに借りを返して行くこと。誰かに借りたら誰かに返そう、誰かにそうしてもらったように、誰かにそうしてあげましょう。愛する相手に借りがある。いつもそう感じている人こそ、本当に愛しているのですよ。

原文翻译

"口",应用来说鼓励与感谢之辞。"耳",应将他人之语聆听至最后。"眼",应用来发现他人之美。"手与脚",应用来帮助他人。"心"应用来理解他人的痛苦。※腰塚勇人(1965〜):原初中体育教师。日本神奈川县人。

デキる人と自分を比べて落ち込む人は、デキない人と自分を比べてばかにする人だ。デキる人からは学ばせてもらい、デキない人には手を貸してあげればいい。…ただ、それだけのこと。※石井裕之。

コメント：周りの人が自分よりも輝いていたら、学びのチャンスと捉え、自分よりも劣っている人がいたら、力になってあげられるチャンスだと喜びましょう。

「手を貸す」慣用語,意为"给人(工作上的)帮助"。

◇一人じゃ持てませんから、ちょっと手を貸してくれませんか。/我一个人拿不了,你能帮我一把吗？

原文翻译

与能人相比意志消沉之人,亦容易蔑视不如己者。其实应该向能人学习,向不能之人伸出援手。为人之道,仅此而已。※石井裕之。

自分が何か大切なことを成し遂げたいと考えているなら、他人が障害を取り除いてくれることを期待してはいけない。※アルベルト・シュバイツァー(1875〜1965):フランスの哲学者、医者。ドイツ生まれ。

コメント：自分の力で障害を乗り越えて、新たな道を切り開いていきましょう。結果的に周りの人に助けてもらうことはあるかも知れませんが、それを最初から期待するのではなく、自分の力で進んでいきましょう。

原文翻译

想成大业者，切勿寄希望于他人帮你扫除障碍。※阿尔贝特·施韦泽（Albert Schweitzer，1875～1965）：法国哲学家、医生。出生于德国。

相手によって態度を変える人は、信用を得られません。相手が誰であっても、受けた親切には、素直にお礼を言いましょう。誰に対しても平等の心を持ち、接しましょう。※船井幸雄。

コメント：いかに生活が便利に豊かになろうとも、信用や信頼感の欠如した社会に、人間が平和で幸福に暮らしていけるはずがありません。

「いかに～と(も)」句型，以名词、形容动词词干＋「であろうと(も)」、形容词词干＋「かろうと(も)」、动词意志形＋「とも」的形式，表示"无论再……也……"。文语、口语常用「どんなに～でも／ても」的表达方式。

◇いかにスポーツで体を鍛えようとも、栄養のバランスが取れていなければ健康にはなれません。／不管如何通过体育活动来锻炼，如果营养不均衡，也无法身体健康。

原文翻译

根据对方的地位高低改变态度的人得不到信赖。不论对方是什么样的人，有恩就该坦陈谢意。人无高下，平等待之。※船井幸雄。

自分が成長しているときは、相手(ライバル)の長所が知りたくなる。自分が成長できていないときは、相手の欠点を知りたくなる。※簱礼泰永(はたれいやすなが)(1962〜):株式会社メンターバンクCEO。岐阜県出身。

コメント:今の自分が成長しているときなのか、成長できていないときなのか、チェックしてみましょう。

原文翻译

自己成长的时候,就会想要知道对方(对手)的优点。自己停滞不前的时候,就会想要知道对方的缺点。※簱礼泰永（1962〜）：智慧银行株式会社CEO。日本岐阜县人。

魅力はお互いに引き合って、どんどん大きくなるんだけれど、良いものと良いものがくっつくと、足し算(たしざん)じゃなくて、掛け算(かけざん)になるの。相乗(そうじょう)効果で魅力が膨らむんだよ。※斎藤一人(さいとうひとり)(1948〜):日本の実業家、「銀座まるかん」の創業者。東京都出身。

コメント:心のレベルの同じ者同士は、呼び合うという特徴があるそうです。

原文翻译

魅力就是互相吸引,日益放大。好与好相得益彰时,是乘法而非加法。相乘效果让魅力精彩无限。※斎藤一人（1948〜）：日本实业家,"銀座丸汉"创始人。日本东京人。

　人の意見も、当然重視しなければならないが、その意見にしたがってばかりいては何もできない。人に言われて止めるのではなく、自分で実際に直面して肌で感じとり、それでできないと思ったら止め、できると思ったらやるべきではないか。※植村直己。

　コメント:自分を応援してくれる人は、ありがたい存在です。みんなあなたのことを思って助言してくれています。その助言をどう生かすかは、あなた次第です。うまくいくかどうかは熟慮(じゅくりょ)以外に直感をも働かせて、内なる真の自分の声を聞くことも必要です。あなたしか歩めない人生です。その決断はあなたしかできません。

原文翻译

　　他人的意见固然需要重视,但若一味盲从,最终将一事无成。不要被人说不行就停止,要在自己直面现实、深切感受之后,认为不行就停止,认为可以就继续,难道不是这样吗?※植村直己。

　青い眼鏡をかければ、世の中がすべて青く見え、赤い眼鏡をかければ、すべてが赤く見える。世の中は自分の心の反応である。人を憎めば人もまた自分に辛く当たり、人を愛すれば人もまた自分に親しむのである。※森田正馬(もりた まさたけ)(1874〜1938):医学者、精神科神経科医者。高知県出身。

　コメント:陰口をたたけば、必ず回り回って自分が痛い思いをします。こちらがほほえみかければ、大抵の人はほほえみかえしてくれるように、人のよいところを見つけ愛そうという努力は必要です。

解説 跟我来ついてこい

「陰口をたたく」慣用語,意为"背地里说人坏话""造谣中伤"。

◇陰口をたたかれているとも知らずに、あの男は得意になって自慢話をしています。/他洋洋得意地炫耀着自己,丝毫不知别人在背后说他。

原文翻译

戴上蓝色眼镜,世界万物皆呈蓝色;戴上红色眼镜,则一切皆红。世间景象乃自己内心的反映。憎恨他人,自己也会遭人苛待,善待他人,自己也会感受亲切。※森田正马(1874～1938):医科学者、精神科神经科医生。日本高知县人。

最新のコンピューターに、「どんな人間が最後に生き残るか」を推測(すいそく)させたところ「力の強い人、自分のことを優先させて考える人、競争に勝(か)ち抜(ぬ)いていく人」などという大方の予想を裏切って、「譲る心を持った人」という回答(かいとう)が出てきたという。「他人のためを第一に考える人が結局報われる」ということ。※村上和雄(むらかみかずお)(1936～):分子生物学者。奈良県出身。

コメント:人の心は、「他人のため」に献身的に努力しているとき、理想的な状態で働き、眠っていた良い遺伝子がONになるそうです。

原文翻译

"什么样的人能在生存竞争中胜出?"这个问题交给最新的计算机去预测。大家都以为结果不外乎"强壮的人,优先考虑自己的人,在竞争中的胜者"等等,但这些预想最后全部落空了。计算机给出的答案是"具有谦让之心的人"。这是因为"优先考虑他人利益的人最终能得到回报"。※村上和雄(1936～):分子生物学家。日本奈良县人。

24

　感情が人の運命を大きく左右していることに気づきなさい。感情のコントロールができる人が人間関係の勝利者です。※ジョセフ・マーフィー。

　コメント:失敗して傷つき、真剣に悩むからこそ、どうすればいいのか「気づき」、豊かな人間関係を「築く」ことができる。人が成長していくには、「傷つく、気づく、築く」という「成長サイクルの法則」があると思います。

原文翻译

　　请注意感情会深刻地影响到人的命运。能够控制感情之人才是人际交往中的胜者。※约瑟夫・墨菲。

25

　すばらしい人間関係を構築するには、自分の意見をあたかも相手が思いついたかのように思わせることだ。

　夫婦であれば

　「さすが私のだんなさん!」

　「頼りになるわ!」

　「私もここ行きたいと思ってたの!」

と旦那（だんなな）を立て、ちゃっかり自分の思惑（おもわく）通りに持っていく奥様こそが欲しい結果を手に入れている。

　つまり「名を捨てて実を取る」のだ。

　人間関係を破綻（はたん）させたければ、名も実も取ろうとすればいいのだ。※小倉（おぐら）和人（かずと）(生年不明)ドラマチスト。出身地不明。

　コメント:手柄（てがら）は相手に譲ってください。それこそ賢い生き方でしょう。

跟我来ついてこい

1. 「ちゃっかり」副词,意为"不吃亏""机灵"。

    ◇ちゃっかりしている娘の前に、親の私はタジタジの体(てい)ですよ。/在什么亏都不吃的女儿面前,我这当家长的算是彻底投降了。

2. 「名を捨てて実をとる」惯用语,意为"舍名求实"。

    ◇今回の交渉では、名を捨てて実を取ることを優先させるべきだ。/这次的交涉,首先必须舍名求实。

原文翻译

要想构筑良好的人际关系,就要让对方认为你的意见是他想出来的。

譬如夫妻之间,

"真不愧是我丈夫!"

"我还是得依靠你啊!"

"我也正想去那儿呢!"

只有这种将丈夫推到前面,巧妙地将丈夫按自己的想法引导的太太才能得到自己想要的结果。

即所谓"舍名求实"。

而想要破坏一段人际关系,只要名实皆取即可。※小仓和人(生年不详)。剧作家。出生地不详。

どんな愚か者でも質問には答えられる。重要なのは質問を発するほうだ。
※ジョーン・ロビンソン(1903～1983):イギリスの経済学者。イングランド出身。

コメント:相談されたら、アドバイスするのではなくひたすら良い質問をしてあげましょう。答えは、その人が持っていますから。

原文翻译

不论什么样的笨蛋都会回答问题,重点在于发问方。※琼·罗宾逊(Joan Violet Robinson,1903～1983):英国经济学家。英格兰人。

「心」は誰にも見えない/けれど「心づかい」は見えるのだ/それは人に対する積極的な行為だから/同じように胸の中の「思い」は見えない/けれど「思いやり」は誰にでも見える/それも人に対する積極的な行為なのだから。

※宮澤 章二(みやざわしょうじ)(1919～2005):詩人。埼玉県出身。

コメント:小才は縁に出会って縁に気づかず、中才は縁に気づいて縁を生かさず、大才は袖(そで)すり合った縁をも生かします。

解説
跟我来ついてこい

「ほっこり」副詞,意为"暖和""热乎乎"。

◇田舎にいるお母さんからほっこりと暖かい綿入れを送ってもらいました。/远在乡下的母亲给我寄来了暖和的棉衣。

原文翻译

谁也看不到"心"/但却能看到"关心"/因为那是对他人的积极行为/同样,谁也看不透他人心中所"想"/但谁都能看见施予的"关怀"/因为那也是对他人的积极行为。※宫泽章二(1919～2005):诗人。日本埼玉县人。

人間は人間と出会うことで違う人間になっていく。一人では決して気づかなかったものも見えてくる。そして一人では決して生み出せなかったものも生み出せるんだ!※山下和美(やましたかずみ)(1959～):漫画家。北海道出身。

コメント：人生の分岐点で誰に出会うかで、その人の人生が決まります。

原文翻译

人通过与人邂逅改变自身，发现独处时察觉不了的，催生独处时无法产生的！※山下和美(1959～)：漫画家。日本北海道人。

人間の苦しみの中で、猜疑心（さいぎしん）という奴が一番苦しいものかな。火刑（ひあぶり）よりも 磔（はりつけ）よりも苦しいかも知れないな。※井上 靖（いのうえやすし）(1907～1991)：作家。北海道出身。

コメント：どんなに賢者であっても猜疑心を持ったがために、多くの過ちを犯し、国が滅（ほろ）んだ例が幾つもあります。あまりよい結果は招きませんので、まっすぐに人を見るようにしたいものです。

原文翻译

诸多苦痛，猜疑为甚。或苦于火刑，或痛于磔刑。※井上靖(1907～1991)：作家。日本北海道人。

自分が最低だと思っていればいいのよ。一番劣ると思っていればいいの。そしたらね、みんなの言っていることがちゃんと頭に入ってくる。※赤塚不二夫（あかつかふじお）(1935～2008)：漫画家。中国の河北省（かほくしょう）、遼寧省（りょうねいしょう）及び内モンゴル自治区（じちく）の交差地域生まれ。

コメント：相手の話を素直に聞けるように、気持ちを切り替えてみましょう。変なプライドや知識は、聞くことにおいては、逆に障害にもなってしまいます。素直に相手の話を聞く力がつけば、得るものは今より格段（かくだん）に多くな

るでしょう。

原文翻译

把自己想成糟糕、最逊色的人吧。这样一来，大家言及的一切都能铭刻在心。※赤塚不二夫(1935～2008)：日本漫画家。出生于中国河北省、辽宁省及内蒙古自治区交界地带。

相手を理解するように努め、その後で自分を理解してもらうようにしなさい。※スティーブン・R・コヴィー(1932～2012)：経営コンサルタント。アメリカ人。

コメント：賢明な人間は、相手を理解しようと努めます。何しろ、感情移入の本質は、相手に賛成することではなくて、感情的にも知的にもその人のことを正確に理解することでしょう。

原文翻译

努力做到理解对方，之后还得能让对方理解自己。※史蒂芬・R・柯维(Stephen Richards Covey, 1932～2012)：经营顾问。美国人。

恩を受けた人は、その恩を心にとめておかなければならない。しかし、恩を与えた人は、それを覚えているべきではない。※キケロ(紀元前106～紀元前43)：共和制ローマ期の哲学者。イタリア人。

コメント：相手に対して見返りを期待することなく、何ができるかを考えてみましょう。計算された行動と、純闇に相手のことを考えた行動では、伝わり方も違います。純闇に考えられるという気持ちを持てるようになりましょう。

原文翻译

受人恩惠，当铭记在心。施恩于人，当不求回报。※西塞罗（Marcus Tullius Cicero，公元前106～公元前43）：罗马共和国哲学家。意大利人。

会いたい人には今すぐ会いに行ったほうが良い。なぜなら、大げさかも知れないが、いつまでもこの世にいられるとは限らないからである。会いたいと思っているうちに、その人はもうこの世にいなくなってしまうかも知れないのである。※大津　秀一(1976～)：ホスピス医。茨城県出身。

コメント：死を前にして多くの患者は、会いたい人に会っておくべきだったと思うのだそうです。お世話になりっぱなしで長いことご無沙汰している人や、時々思い出すのに何年も会っていない旧友。今年こそは会いに行きましょう。

解説　跟我来ついてこい

「～っぱなし」句型，接在动词连用形之后，意为"相同的事情或相同的状态一直持续着"或者"本应做的事情不去做而让其保持原样"。文中为前一种含义。

◇新幹線はとても混んでいて、東京から名古屋まで立ちっぱなしでした。/新干线拥挤不堪，我从东京一直站到名古屋。

◇ドアを開けっぱなしにしないでください。/别大敞着门不关。

原文翻译

若有想见之人，立刻去见较好。因为，也许说得夸张了些，那人不可能任何时候都在世。当你想着要见他时，那个人也许已经不在世了。※大津秀一(1976～)：临终关怀医生。日本茨城县人。

　正直に人生を送っていると、向こうから正直な人がやってくる。ずるいことをしたり、ガツガツしないで生きてれば、同じような人が近寄ってくるってことだよね。※萩本欽一(はぎもときんいち)(1941～):タレント。東京都出身。

　コメント:類は友を呼ぶように、あなたが考えたり信じたりすることすべてを、潜在意識がその通りに実現してゆきます。人間関係も、仕事も、人生のもろもろも、ありのままに正直に関われば結果的にはうまくいくのですよ。

 解説
跟我来ついてこい

　「ガツガツ」副词,意为"贪吃""贪婪",此处为后一种含义。
　　◇なんでいつも金にガツガツしているのですか。/怎么总是那么贪图钱财呀！

原文翻译

　　人生求正直,正直人自来。不偷奸耍滑,贪婪无底,你周围就会集聚志同道合的人们。※大津秀一(1976～):临终关怀医生。日本茨城县人。

　一期一会(いちごいちえ)。高校生の時にこの言葉を知りました。何となくいい言葉だなと思っていたのですが、深い意味は分かりませんでした。今この年になって、この言葉の言わんとすることが身に沁(し)みています。人と出会うということは、ある意味で、相手から何かをいただくこと。いつも謙虚な気持ちで一つ一つの出会いに向き合えば、必ず何か得るものがあると思います。※宮(みや)原耕治(はらこうじ)(1945～):日本郵船(ゆうせん)会長。岡山県出身。

　コメント:「会える」というのはご縁なのです。同じ時間を共有できるの

は、あなたとその人の間に、並々ならぬ縁の深さがあるからなのです。

1.「〜んとする」句型，文语，接在他动词未然形之后，前接サ变动词时由サ变动词词干＋「せ」＋「んとする」构成，表示"做某事的意志"。相当于现代日语中的「〜う／ようとする」，其中「ん」为推量意志助动词「む」的音便。含义同「〜ようとする」。意为"即将……""想干……"。

　　◇君が言わんとすることは、分からないものでもないのですが、みんなを説得するのは容易ならざることです。／我并非不理解你的表述，但说服众人可不是件易事。

2.「身に沁みる」惯用语，意为"铭刻""痛感"。

　　◇何より両親や家族の存在を身に沁みてありがたく感じています。／深刻感受着父母家人的存在是最幸福的事情。

3.「並々ならぬ」连语，意为"非同寻常""非凡"。

　　◇彼は生物学に並々ならぬ関心を持っているようです。／他好像对生物学有着异乎寻常的兴趣。

原文翻译

"一生一度缘"。高中知道这句话时，只是感觉不错，但并不解其深意。到了这把年纪，对这句话的含义才感同身受。与他人的际会，从某种意义上来说就是从对方获得恩惠。任何时候都以谦逊之心去迎接每一次的邂逅，必有所获。※宫原耕治(1945〜)：日本邮船株式会社会长。日本冈山县人。

老人も中年も若者も、自分たちが一番正しいという誤った自信を捨て、無垢な感性を取り戻し、自分をもっと柔軟にしていけば、滑かな人間関係が生まれてくるはずです。※瀬戸内寂聴。

コメント:人に接する時は、暖かい春の心。仕事をする時は、燃える夏の心。考える時は、澄(す)んだ秋の心。自分に向かう時は、厳しい冬の心。

原文翻译

无论是老年人、中年人，还是年轻人，摒弃"我是最正确的"这种错误的自信，若能还原原本纯洁的感情，使自我更加柔和的话，理应收获一份和谐的人际关系。※瀬户内寂听。

頑張ることはすばらしいが、人の力を借りれば何倍もの成果が得られる場合が多い。一人で完璧を目指さず、人に頼っていいのである。※和田秀樹（わだひでき）（1960～）:精神科医、評論家。大阪府出身。

コメント:人間、自分一人でできることには限界があります。だけど、人と力を合わせると、不思議なことに不可能も可能に、夢も現実になっていきます。偉大なことを成し遂げたり、大きな成果をあげるには、謙虚で、努力を惜しまないこと、人から好かれて、応援してもらうことが大切です。

原文翻译

努力是件非常棒的事，但很多时候，通过借助别人之力则能获得成倍的成果。不要指望着可以一个人达到完美，受助于人也是件不错的事。※和田秀树（1960～）:精神科医生、评论家。

人の欠点が気になったら、自分の器が小さいと思うべきです。他人の短所が見えなくなったら相当の人物、長所ばかりが見えてきたら大人物です。

※石井 久（いしいひさし）（1923～）:実業家。福岡県出身。

コメント:人は他人の欠点ばかりがよく見えます。見えすぎる人は、器が

小さいのでしょう。今の自分の器の大きさがどのくらいか、その指標（しひょう）として人の欠点の見え具合で判断するのも面白いですね。

原文翻译

若太在意别人的缺点，你应该觉得自己气量小。看不到别人的缺点，你就是个了不起的人物。净看到别人的优点，这个时候你就是个大人物了。※石井久（1923～）：实业家。日本福冈县人。

二人の人間の出会いとは、二つの化学物質が接触（せっしょく）するようなものです。もし、何かの反応が生ずれば、両方とも変わってしまいます。※カール・ユング（1875～1961）：心理学者。スイス人。

コメント：自分と違うタイプの人から、どんなことが学べるのかを考えてみましょう。相手の考え方を先入観を持たずに、まず素直に聞いてみることで新たな視点も見えてきます。拒絶（きょぜつ）してしまえば、何も得るものはありません。

原文翻译

两个人的相遇其实就像两个化学物质相互接触。如果发生了什么反应，两者都会产生变化。※卡尔·古斯塔夫·荣格（Carl G. Jung,1875～1961）：心理学家。瑞士人。

まず、自分の仕事を一生懸命やること。そして、相手の力になれる存在であることを証明すること。人脈はそうした努力の積み重ねで、おのずから広がっていくと思う。※柳井正（やないただし）（1949～）：ユニクロ創業者。山口県出身。

コメント:一生懸命にやるのが一番楽です。成功する確率が高くなるのはもちろんですし、人も感動して信用してくれます。そして、もし失敗しても悔いが残りません。それが最高の生き方です。

原文翻译

首先,要努力做好自己的事情。其次,要证明自己能够助对方一臂之力。我认为经过这种努力的积累,人脉自然而然就拓展开来。※柳井正(1949～):"优衣库"(Uniqlo)创始人。日本山口县人。

自分の口から出てくる言葉を、半分以上、役に立つ話、面白い話、楽しい話、勇気づけられる話、励まされる話に限定してしまう。そのような話をしていると、聞いている人は体が温まり、元気になっていきます。※小林正観。

コメント:「ついてる」「嬉しい」「楽しい」「感謝してます」「幸せ」「ありがとう」「許します」とどんどん口から出しましょう。それに加えて、誰かの役に立ったり、誰かに喜んでもらったり、誰かに必要としてもらったり…そんな風に周りの人と係わっていく中で、「お役に立とう」「喜ばせよう」っていう、気持ちで接するだけで、逆に自分が与えられるんですね。

原文翻译

规定从自己的嘴里说的话必须一半以上是有用的话、有意思的话、令人开心的话、带有勇气的话、励志的话。说出那样的话,会令听者感到温暖、精神百倍。※小林正観。

自分でできることや、すべきことを、その人の代わりにしてあげても、本当の助けにはならない。※エイブラハム・リンカーン(1809～1865):政治家、アメリカ第16代大統領。

コメント：自分で経験して、そこから学ばなければ、身についてはいきません。一時的に困っていることを助けてあげたとしても、いずれは本人の力で自立しなければ、いつまでも同じ状態から変わることはできません。

原文翻译

原本他自己能做的事、该做的事，都由你来替他做，这并不是真正的帮助。
※亚伯拉罕・林肯（Abraham Lincoln，1809～1865）：政治家、第 16 任美国总统。

人を褒めると、「あの人、いい人よ」と絶対言ってくれる。褒めると気持ちがいいしね。だから、幸せになるのは簡単なんだ。人を褒める。まんべんなくやさしくする。それだけなんだ。※斎藤一人。

コメント：賢人とは誰ですか。もちろん、あらゆる人から学べる人です。強い人とは誰ですか。もちろん、感情を抑えられる人です。豊かな人とは誰ですか。もちろん、自分の持っているもので満ち足りている人です。人に愛される人とは誰ですか。もちろん、あらゆる人を褒める人です。ですから、悪い人々に対する非難や拒絶によって自分を浪費することがないように、むしろ善き人々の美徳を褒め称（たた）えましょう。なにしろ、人の能力というものは、褒められることを栄養分として育っていくところが確実にあるのですから。

「まんべんなく」副词，意为"彻底""普遍""均匀地"。
　◇彼は本当にすごい人ですね。どの科目もまんべんなくできます。
　/他真是超强啊。门门功课都好。

原文翻译

赞美别人，别人也肯定会夸你好。何乐而不为？所以说，想要获得幸福其实很简单：赞美人，做到彻底地与人为善。仅此而已。※斋藤一人。

雄弁とは、君が話す相手に真実を完全に、分かりやすい言語に翻訳する能力である。※ラルフ・ワルド・エマーソン。

コメント：分かりやすい言葉と順序で相手に話すことを心がけましょう。いくらすばらしいことでも、伝え方が悪ければ、その内容は半減してしまいます。誰が聞いても理解できるような、伝える力をつけていきましょう。

原文翻译

雄辩就是使用通俗易懂的语言将事实完整地翻译给对方听的能力。※拉尔夫·沃尔多·爱默生。

私の会うすべての人々は必ずある点において私にまさっている。その点において私はその人から学ぶことがある。※ラルフ・ワルド・エマーソン。

コメント：知識を学ぶな。人を学べ。生き方を真似たい人の人生を学べば、それに必要な知識は後から自然と学べます。知識を求め続けても、知識の先には答えはありません。答えは常に、人にあります。

原文翻译

我所遇见的每一个人都必定在某一点上优越于我。我需要向他们学习的就是这个"一点"。※拉尔夫·沃尔多·爱默生。

　手間(てま)とは、手をかけること。字の如く、自分の手と相手の手との間には距離がある。その距離を縮めるために手間をかけるんや。人間も同じ。人と人との間には距離があってな、その距離を縮めることが大事なんや。どれだけ愛情を注ぐか相手とつながりたいと思うか、やな。※玄秀盛。

　コメント：人の命は「三つのつながりによって守られている」と思っています。その三つとは「人と人のつながり」「人と自然のつながり」、そして「体と心のつながり」で、この三つのつながりが一つでも切れると、人間は生きづらくなると感じています。

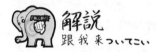

1. 「手をかける」惯用语,意为"费工夫"。

　　◇料理人が手をかけて、丁寧に作った料理こそおいしい料理でしょう。/厨师下功夫精心烹制的菜肴才是美味佳肴。

2. 「やな」由断定助动词「や」和感叹词「な」构成,其中「や」源自于「じゃ」。该说法广泛出现于以关西为中心的西日本地区。

　　◇それまでできればたいしたもんやな。/能做到那个地步就十分了不起了！

3. 「〜づらい」接尾词,接在动词连用形之后,表示"对做某动作或行为感到困难"。

　　◇パソコンはこの年になると使いづらいです。/到了这把年纪,用电脑很困难。

原文翻译

　　日语把"费心"叫做「手間」。从字面上也可以看出,原意指自己的"手"与对方的"手"有"间"隔。为了缩小间隔,才要"费心"。日语把"人"叫做「人間」,意思也一样。人与人之间存在着"间"隔,缩短间隔尤为重要。越是费心倾注情

感,越是期待与对方的交流,间隔就越小。※玄秀盛。

　　自分の評価を低く見る人は、どうしても他人の自分に対する評価を高くしようと無理をしがちです。自分の評価を高くしている人にとって、他人の評価はそれほど重要なものではないのです。※斎藤　博(さいとうひろし)(1886～1939):大正・昭和期(しょうわき)の日本の外交官。新潟県出身。

　　コメント:他人の評価が、全て正しいわけではありません。その人の都合によってかなり歪(ゆが)められたり、コロコロ変わったりしています。このことをよく知ると、必要以上に他人の評価に振り回されて、疲れなくても済むようになります。大事なことは、進歩向上の比較を他人とするのではなく、過去の自分とすることです。

　　自我评价越低,越会为了让人对自己做出高评价而走火入魔。对于那些自我评价高的人而言,他人的评价却如轻风过耳。※斎藤博(1886～1939):大正・昭和时期的日本外交官。日本新泻县人。

　　タイプの違う人が自分を磨いてくれるので、タイプの合う者とだけ付合うな！※石川洋(いしかわよう)(1930～):社会奉仕者。栃木県出身。

　　コメント:苦手と思う相手こそ、自分を成長させてくれる大切な人かも知れません。まして、自分が他人と違うからといって、一瞬にもせよ悲観することはないでしょう。

原文翻译

不同类型的人能帮助我们磨练自身,所以不要只跟同类型的人交往哦!
※石川洋(1930～):社会志愿者。日本栃木县人。

人間関係は鏡のようなものです。相手のあなたに対する態度は、あなたの相手に対する態度そのものと考えてください。※ジョセフ・マーフィー。

コメント:他の人に思いやりと好意を示しましょう。それはあなた自身の人生にいろいろなすばらしい方法で何倍にもなって返ってくるでしょう。

原文翻译

人际关系就好像一面镜子。要明白对方对你的态度即你对对方的态度。※约瑟夫·墨菲。

嬉しいのは、人に勝ったときより人の役に立てたとき。他人に勝ったとき、嬉しいのは自分だけ。他人の役に立ったとき、嬉しいのは他人と自分。嬉しさは、一緒に味わうほど大きくなる。嬉しさは、さびしんぼうだからね。一人ぽっちの時は、ちっちゃいんだよ。※福島正伸。

コメント:喜びは分ちあうと倍になります。悲しみは分かち合うと半分になるそうです。

原文翻译

帮助他人比战胜他人更令人高兴。战胜他人时,开心的只是自己。而帮助他人时,他人和自己都开心。"开心",一起体验就会变得更开心。因为"开心"怕寂寞。孤零零一个人时,"开心"便缩头缩脑。※福岛正伸。

　ブスッとした顔をしていると、敵が増えるんです。それから人を傷つけるようなことをいうと、敵が増えるんです。会う人、会う人を敵に回すか、会う人、会う人を味方にするかですね、人生は全然違うんです。※斎藤一人。

　コメント:微笑めば友達ができます。しかめっ面をすれば皺ができます。嫌みを言われたり、邪険(じゃけん)にされたり、馬鹿にされたぐらいで減るプライドなら、ゴミに出してしまいなさい。そんなのあっても役に立ちませんから。

1. 「ブスッと」副词,意为"不高兴""绷着脸"。
   ◇彼女はブスッとした顔をしていて、何も答えてくれませんでした。
   /她绷着脸,一言不发。
2. 「敵に回す」惯用语,意为"得罪""树敌"。
   ◇趙さんを敵に回すと後は怖いですよ。何でも言うことを聞いておいた方がいいですよ。/得罪老赵很可怕哦。还是他说什么你就听什么吧。

　阴沉着一张脸,敌手会增加。说些伤人的话,敌手也会增加。将遇到的人都变成敌人还是变成朋友,选择不同,人生迥异。※斎藤一人。

　人がくれたアドバイスに「できない」と答えてしまうと、アドバイスをしても無駄だと思われる。それでもできるといえないようなものに対しては、「なるほど」と返せばいい。※矢内(生年不明)マグロ漁船(ぎょせん)親方(おやかた)。

　コメント:人があなたにアドバイスするときは、あなたのために時間を作

り、あなたのために一生懸命考えてアドバイスしています。その厚意に応えるよう、とりあえずできるところから頑張ってみましょう。

原文翻译

对于来自他人的建议持消极态度，会让人觉得给你建议也是白搭。所以即便对无法做出积极回应的事物，回答一句"您说的对"，也比态度消极强。※矢内（生年不详）：金枪鱼渔船老板。

人　間　性

　　今日の姿ではこれからの30年を生き延びられない。※ピーター・ドラッカー。

　　コメント：私は流れるという感じが好きなのです。固定したものは全然つまらないです。人生だってそうでしょう。いつも流動的で、何が起こるか分かりません。だから面白いのです。

原文翻译

　　以今日的状态是无法维持今后的30年的。※彼得・德鲁克。

　　早寝早起きの、勤勉で、分別があって、金を浪費せず、真っ正直な人間が、運の悪さをこぼすのを見たことがない。人柄のすぐれた、よい習慣を持った、鋼鉄のように強く、勤勉な人間は、愚か者には想像もつかぬような悪運に見舞われたとしても、決してびくともしない。※ジョゼフ・アディソン(1672～1719)：詩人、随筆家。イギリス人。

　　コメント：人格の強さは、曲げない信念と弛まぬ努力にあります。まじめに質素に、そして、勤勉に正しく生きていける術を知っている人は、どんな悪運にもくじけることはありません。

「びくとも」副词，常后续否定形式，表示"纹丝不动"或"毫不畏惧"。文中为后一种含义。

◇私の家は頑丈で、この前の地震でもびくともしませんでした。/我家房子无比结实，在不久前的地震中也丝毫没受损。

◇みんなはいろいろ言いますが、この程度の批判では私はびくともません。/虽然众人种种批评，我却毫不畏惧。

原文翻译

我未曾见过一个早睡早起、勤奋、有判断力、不浪费金钱、刚正不阿的人，会抱怨命运的不济。品质优秀、习惯良好、钢铁般坚强且勤奋的人，即使遭受到愚人难以想象的厄运，也能泰然处之。※约瑟夫·艾迪生（Joseph Addison，1672～1719）：诗人、散文家。英国人。

どんなに教養があって立派な人でも、心に傷がない人には魅力がない。他人の痛みというものが分からないから。※フジ子・ヘミング（1932～）：ピアニスト。スウェーデン人。

コメント：完璧無欠（むけつ）な人物ほど、偽りが多いと言われています。

原文翻译

若从未经历过心灵创伤，任凭此人是多么有教养的杰出人士，也毫无魅力可言。因为他体会不到他人的痛。※富士子·海明（Fuzjko Hemming，1932～）：钢琴家。瑞典人。

0歳から始まる、よい習慣の繰り返しだけが、人間を作る最大条件であろう。しかも、親の意識と努力と忍耐だけが、それを可能にするのである。

※井深大(いぶかまさる)(1908～1997):ソニー創業者。栃木県出身。

コメント:子供は親の背中を見て成長するものです。親に見習い、小さな良い習慣を身につけていくと、良い流れが生まれます。「良くしていこう」という意識がベースに生まれると、やがて大きな習慣もできるようになります。

原文翻译

只有从零岁开始就培养良好习惯才是育人的最佳条件。并且，也正是有父母的意识、努力和忍耐，才使其变得可行。※井深大(1908～1997):索尼创始人。日本栃木县人。

学歴はあったほうがよい。でも、私の場合は、ないほうがバネになってきた。※寺田千代乃(てらだちよの)(1947～):実業家、アート引越センター創業者。兵庫県出身。

コメント:学歴の優れた人よりも、学歴がなくても、人格・実行力・企画力・統率力(とうそつりょく)・全てが勝っていたら、多くの人は彼のもとに集まってくるでしょう。

解説
跟我来ついてこい

「バネになる」慣用語,意为"成为机遇"。其中「バネ」原意为"发条",此处引申为"飞跃、发展的契机"。

◇その失敗はかえってバネになって、後ほどの成功に繋げたのです。

/那次失败反而是一次机遇,后来的成功与之密不可分。

原文翻译

有学历自然最好。但就我个人而言,没有学历却成了我的动力。※寺田千代乃(1947～):实业家、阿托搬家中心创始人。日本兵库县人。

人の本当の強さは弱者に対するその人の態度で判断できる。言い換えれば、弱者に対する思いやりこそ「真の強さ」という。※平塩清種(ひらしおきよたね)(1942～):詩人。広島県出身。

コメント:本当に強い人は、けっして弱い者をいじめません。それが本当の強さというものです。

原文翻译

判断一个人是否真正强大,要看他对待弱者的态度。换言之,能够同情关怀弱者,才叫真正的强大。※平盐清种(1942～):诗人。日本广岛县人。

時は苦しみや争いを癒す。というのは、人が変わるからである。人はもはや同一人ではないのである。※パスカル。

コメント:人間の体というものは、いつも変わっているのです。たとえば髪や歯や爪を見てください、生えて伸び、抜けてはまた生える、肌は垢(あか)になって落ちて、新しくなるし、肥えたり、痩せたりもする。生きているものは、一日でも同じではありません。いつも新しく伸びるし、育っているのです。

原文翻译

时间可以治愈伤痛,平息纷争。那是因为我们变了,我们不再是原来的我们。※布莱士·帕斯卡尔。

勇気というのは強いからとか、勇ましいから勇気があるというのではない。たとえ、自分にとってどんなに不利な結果になろうとも、自分が真実であり、妥当であると考えたことを認め、それに賛成することこそが勇気である。※本田宗一郎。

コメント：たとえ周囲が反対し、不利な結果が予測されても、自分が正しいと思ったことは、信じて進むべきです。

原文翻译

勇气，并不会因为强大或者勇敢就会产生。可以这样说：无论结果对自己如何不利，也承认自己认为那是真实的、妥当的，并继续采取赞成的态度，这才是勇气。※本田宗一郎。

自分でこんな人間だと思ってしまえば、それだけの人間にしかなれないのです。※ヘレン・ケラー。

コメント：自分に期待しなければ、それ以上になることは難しいです。セルフイメージを高めていくことで、自らの可能性を高めていきましょう。自分で気がついていない可能性は、まだ沢山あるはずです。

原文翻译

一旦认为自己一无所能，就只能成为一无所能者。※海伦・凯勒。

自分の心の中で正しいと信じている事をすればよろしい。どちらにして

も非難を逃れることはできない。※デール・カーネギー。

コメント:マルクス曰く、「汝の道を行け。しかして、あとは人の語るにまかせよ」というように、あなたの心が正しいと感じることを行ってください。行なえば非難されるでしょうが、行なわなければ、やはり非難されるのですから。

解説
跟我来ついてこい

「しかして」接续词,文语,相当于现代日语中的「そうして」「それから」,意为"然后""于是"。

◇大いに破壊して、しかして、改修せざるべからざるもの多々あるなり。/有许多东西不得不经过彻底摧毁,然后再进行修复。

原文翻译

做或不做,指责难逃。故认定正确,做之可也。※戴尔·卡耐基。

11

ある人間を判断するには、その人の言葉によるよりは、むしろ行動によった方がよい。というのは、行動はよくないが、言葉はすばらしい人間が多くいるから。※マティアス・クラウディウス(1740～1815):詩人。ドイツ人。

コメント:言葉はすばらしくても、実際にはそのように行動できていない人は多いものです。多くの人ができないからこそ、言葉と行動が伴っていることには価値があります。言葉ではなく、行動していることに基準をおいて判断しましょう。

原文翻译

如何判断一个人?听其言莫如观其行。为什么呢?因为"语言的巨人行动的矮子"比比皆是。※马蒂亚斯·克劳迪乌斯(Matthias Claudius,1740～1815):诗人。德国人。

　高い自尊心を持っている人は、自分を人より優れているように見せようとはしない。人と比較することによって自分の価値を見い出しているわけではないからだ。彼等の喜びは「自分らしくあること」なのだ。※ナサニエル・ブランデン(1930〜):心理学者。カナダ人。

　コメント:自分の価値は、人と比べることから引き出せるものではありません。自分がどれだけ努力しているかということから引き出されるものです。

原文翻译

　　有着强烈自尊心的人不会炫耀自己比别人优秀。因为他们不会通过与人比较来试图证明自身价值。他们的乐趣在于"活出自己"。※纳撒尼尔·布兰登(Nathaniel Branden,1930〜):心理学家。美国人。

　知性を高める唯一の方法は、どんなことについても断定しないこと、すなわち自分の精神をあらゆる思想に対して広く開けておくことである。※ジョン・キーツ(1795〜1821):詩人。イギリス人。

　コメント:いろんな意見に対して耳を傾けられるようになりましょう。最初から聞く耳を閉ざすのではなく、聞き入れた後にどうするのか判断できるようになりましょう。先入観や常識によってチャンスを逃さないようにしましょう。

原文翻译

　　增长才智的唯一途径是不去断定任何事,即广开思路,纳百家之言。※约翰·济慈(John Keats,1795〜1821):诗人。英国人。

　寛大になるには、年をとりさえすればよい。どんなあやまちを見ても、自分の犯しかねなかったものばかりだ。※ゲーテ。

　コメント:同じような立場になった経験があれば、相手の気持ちは理解しやすくなります。つまり沢山の経験をしていれば、いろんな人の気持ちを考えて相手に接することができます。何を周りの人にしてあげられるかを考えてみましょう。

原文翻译

　要想变得宽容,只需年岁增长。因为无论看见怎样的过错,都是自己可能犯的过失。※歌德。

　三毒とは妬む・愚痴る・怒るで、これをしないことで煩悩が去るという仏教の教えがあります。妬む・愚痴る・怒るというのはネガティブな考え方なので、悪循環を招きやすいです。※勝間和代。

　コメント:不平不満を言わず「困ったこと」から学びを得ようと心がければ、人生はスムーズになっていきます。「困ったこと」は、人生のレッスンですね。

原文翻译

　佛家教义有言:"三毒"即妒、痴、嗔,世人烦恼皆源于此。"妒、痴、嗔"为消极思想,易致恶性循环。※胜间和代。

　自分らしくいる。自分でいる。自分を静かに保つ。自分を隠さない。自

分でいることに力まない。自分をやたらに誇りもしない。同時に自分だけが被害者のように憐れみも貶めもしない。自分だけが大事と思わない癖をつける。自分を人と比べない。これらはすべて精神の姿勢のいい人の特徴である。※曽野綾子(1931〜):作家。東京都出身。

コメント:世の中には余りにも自分を愛おしく思う人が多すぎます。周りの人はきっとかわいそうな人だと思っているでしょう。常に謙虚で感謝の精神を忘れずにいたいものです。

原文翻译

　　特立独行,活出自我,宁静致远,坦呈自身,不逞强、不炫耀,同时不顾影自怜,不自我贬低,不惟我独尊,不妄自尊大,不与人攀比,这些都是心理健康之人的特征。※曽野绫子(1931〜):作家。日本东京人。

私は正直者ですと自分でいう者は、決して正直者ではない。私は何も知りませんという者は良く知っているし、私は何でも知っているという者はほら吹きである。何も言わない人間は賢明な人か、利己主義かのどちらかである。※O・ヘンリー(1862〜1910):作家。アメリカ人。

コメント:確かにいくら粉飾したところで、自分の生地はごまかしきれませんね。言うか言わないか別として、正直こそが、処世の一番安全な道です。

原文翻译

　　自诩"坦诚之人"者绝不坦诚,话自己"一无所知"者无不通晓,自夸"无所不知"者却是夸夸其谈。而那些"缄口无言"之人,则或是贤明睿智之人,或是欲明哲保身之人。※欧・亨利(O. Henry,1862〜1910):作家。美国人。

青春とは心の若さである。信念と希望に溢れ、勇気に満ちて、日に新たな活動をつづけるかぎり、青春は永遠にその人のものである。※松下幸之助。

コメント:「二十歳にしか見えない。まだまだ若いから頑張ろう」と鏡に向かって言ってみてください。すると体は反応してくれます。自分の想念(そうねん)というものは、実はとんでもなく強力(きょうりょく)に、自らの体をコントロールしており、私たちが何気(なにげ)なく言った一言一言によって、体はものすごく律儀(りちぎ)に素直に反応し、青春の匂(にお)いを発散するようになるのです。

原文翻译

青春即心态年轻。只要充满信念和希望,勇气十足,每天做着不一样的事情,就会青春永驻。※松下幸之助。

知識、それは、「十分に学んだ」と思っている人間にプライドを与えてしまうもの。知恵、それは、「まだまだだな」と思っている人間に、腰の低さを与えてくれるもの。※ウィリアム・クーパー(1731～1800):詩人。イギリス人。

コメント:転ばない知識よりも、転んだときの立ちあがる知恵の方が、遙かに大切ですね。

原文翻译

知识,让自认为"学已足矣"之人自负。智慧,使自认为"学尚未成"之人变得谦逊。※威廉・古柏(William Cowper,1731～1800):诗人。英国人。

　人は時として自分に何の落ち度がなくても苦しい場面に立たされることがある。逆に、たいした努力もしていないのに、幸運な出来事が訪れてくれることもある。意味を考える必要はない。今できる最善を尽くすか、心から感謝するか、それだけ。※ロングテール。

　コメント：成果をあげる人は、能力、関心、知識、気性、性格、仕事の方法において多様です。あらゆることにおいて千差万別です。共通点は、行うべきことを行っているだけです。

原文翻译

　　有时，即使无任何过错也身陷苦境；有时，不甚努力却邂逅幸运。有必要思考其意义吗？或做好当下能做之事，或心存感谢，仅此而已。※长尾。

　人生の目標を持たない人々は極めて容易に不安や恐怖、自己憐憫（れんびん）などの犠牲者となりがちである。※ジェームズ・アレン。

　コメント：目標がハッキリとしていれば、集中力を持つことができます。逆に目標がなければ、周りの雑音（ざつおん）に惑わされ、力を集中することもできません。目標に対するこだわりの強さが、心の強さに比例します。

原文翻译

　　无人生目标之人极易成为不安、恐惧和自我怜悯的牺牲品。※詹姆士·爱伦。

　ナンバーワンの思想は他人との競争が前提だ。それは苦痛を伴う。オン

リーワンの思想は自分との競争が前提だ。そこには喜びがある。※田中真澄(たなかすみ)(1936〜)：社会教育家。福岡県出身。

コメント：他人と比べることはせず、人の真似をする必要もありません。ひたすら、自分をさがし自分と出会います。ナンバーワンは要らない。オンリーワンがいいです。

原文翻译

争夺冠军的意识是与人竞争的前提，这会与痛苦为伴。而特立独行的意识则是与己竞争的前提，这里则盛满喜悦。※田中真澄（1936〜）：社会教育家。日本福冈县人。

熱意はあなたの人格の原動力だ。それがなかったら、どんなにすぐれた能力を持っていたとしても、その能力は眠ったままで役に立たない。※デール・カーネギー。

コメント：熱意を込めて楽しそうに振る舞っていると、いつか本当に楽しくなります。物事に熱中するにはこの手に限ります。

「この手に限る」慣用表達，意为"只有这种办法"。此处的「手」表示"手段""方法"。

◇次の日に仕事があって、どうしても眠れない時には薬を飲むこの手に限ります。／当次日有工作，必须睡上一觉的时候就只有吃药这一招了。

原文翻译

热忱是人格的动力。没有热情，再超强的能力也只会沉睡不起。※戴尔·卡耐基。

　試練が大きいほど自分を成長させることができる。苦労なくして充実なし。苦労なくして生きがいなし。※福島正伸。

　コメント：試練はそれを乗り越えられる人にしか訪れません。

原文翻译

　　考验越严峻成长越快。没有辛苦就没有充实；没有辛苦就没有生的意义。※福岛正伸。

　読書は充実した人間を作り、会話は機転(きてん)の利く人間を作り、執筆(しっぴつ)は緻密(ちみつ)な人間を作る。※フランシス・ベーコン。

　コメント：「読む」「聞く・話す」「書く」は、自分を高める有効な方法でしょう。その中でもっとも大切なのは、読むことじゃないかと思います。読書をしない人には未来はないでしょう。思考能力は、読書によって鍛えられるんですから。読書する人としない人には、思考能力に決定的な差がつきます。

跟我来ついてこい

　「機転の利く」慣用語、原形是「機転が利く」。意为"机灵""精明"。

　　◇シンポジウムは、司会者の機転が利いた進行で内容のあるものになりました。／座谈会上，主持人反应灵活，所以内容很充实。

原文翻译

　　读书使人渊博，交谈使人机敏，写作使人严谨。※弗朗西斯・培根。

人は人なりの癖がある。それを直そうと思わなければいい。そこが長所だと思うことですね。※西堀栄三郎。

コメント：一見短所だと思えることも、見かたを変えれば長所になる可能性もある。他人との比較で物事を見るのではなく、そこにどれだけの魅力や特徴があるのかで考えてみましょう。特徴があれば、何らかの可能性を秘めている。

原文翻译

人各有癖，无需刻意改正，只要认定是优点即可。※西堀荣三郎。

人間の器量（きりょう）は、どの程度のことを怒ったか、によって測れる。※ジョン・モーリー(1838〜1923)：政治家。イギリス人。

コメント：小さなことまで気にしすぎて、自ら視野を狭（せば）めてしまわないように気をつけましょう。問題の本質がどこにあるかを見極めて、大きな流れで見ていかなくては、細かいことをすべて気にしていたのでは、創造力も可能性も広がりません。

原文翻译

人的度量可以其动怒的"气量"来衡量。※约翰・莫莱(John Morley,1838〜1923)：政治家。英国人。

失恋も離婚も、大病や事故も、ご主人のリストラ失業も、息子さんが大学の入学試験に落ちるのも、そういうことの全部が、自分の人格を作る肥やしに

なるのです。※瀬戸内寂聴。

　コメント：「おいしい」という「幸せ」を味わうためには、どうやら「空腹だ」という「不幸」を味わわねばならない、というのが宇宙構造のようです。

 解説 跟我来ついてこい

　「試験に落ちる」慣用語，意为"考试落第"。
　　◇彼は留学すると言って、大騒ぎしたあげくに、試験に落ちてしまいました。／他说要去留学，弄得沸沸扬扬，结果考试落了榜。

原文翻译
　　失恋也好离婚也好，重病也罢事故也罢，丈夫被裁失业也好，儿子大学落榜也罢，种种淹蹇，都是滋润你人格的养分。※瀬户内寂听。

　自分の機嫌を自分でとって、人に惜しみなくものを教えたり、出し切って、徳を積んでいるような人って、「たましい力」が上がってきちゃう。すると、どうなるか。上から下までブランド物で決めてきても、白衣姿（はくいすがた）でできたマザー・テレサには勝てないですよね。それは、どうしてですか？って、「たましい力」のレベルが違うから。「たましい力」が上がるって、そういうことなのです。※斎藤一人。

　コメント：「たましい力」を高めるためには、日頃の徳積みが大切になるようです。

 解説 跟我来ついてこい

　「機嫌をとる」慣用語，意为"讨好奉承"。
　　◇うちの女房、気難しい人だから機嫌を取るのが大変なんです。／我老婆是个不好伺候的主儿，想取悦她可不那么容易。

原文翻译

自我取悦、不吝授教、倾囊所与、积德累功之人，其"精神力量"会彻底升华。如此一来，如何？即便从上到下一身名牌，也不及特蕾莎修女的一袭白衣。为何？"精神力量"高下使然。"精神力量"升华的涵义即在于此。※斎藤一人。

人間性

「率直な心」「熱意」「努力」といった言葉は、あまりにプリミティブ（素朴・原始的）なために、誰も気に留めない。しかし、そういう単純な原理こそが人生を決めていくポイントなのだ。※稲盛和夫。

コメント：本当の天才は変人でも異能（いのう）の人でもなく、共通するのは謙虚で素直である点です。

「気に留める」慣用语，意为"放在心上""留意"。

◇気に留めるなといっても、気になってしょうがないので、傷に触れて痛い思いを繰り返すわけです。／虽说不要放在心上，却还是心存芥蒂，所以反复地触景伤情。

原文翻译

"纯朴之心""热情""努力"等词语过于平实，谁也不会留意。但就是如此简单的词语，才是决定人生的关键。※稲盛和夫。

足元ばかり見ていると、周りが見えなくなります。周りばかり見ていると、足元が疎（おろそ）かになります。角度を変えて考えてみる。立場を変えて考え

てみる。大事なのは、この意識です。気づかいとは、アリの目とタカの目、二つの視点を意識することでよりレベルの高いものに変わってきます。**タカの目アリの目を使い分けていくことが、気づかいの目となるのです。**※上田(うえだ)比呂志(ひろし)(出生年不詳)大人の寺子屋(てらこや)の縁かいな代表。大正時代創業(たいしょうじだいそうぎょう)の老舗(しにせ)料亭(りょうてい)に生まれる。

　コメント：自分の振る舞いを相手の視点から振り返って見つめ直すことを習慣づければ、やがて思いやりの滲(にじ)む所作(しょさ)が美しく備(そな)わるようになるでしょう。

原文翻译

　　蚁目,明鉴足下,不见寰宇；鹰目,观览寰宇,疏略足下。不妨换个角度看看,换个立场想想。具有这种换位思考的意识十分重要。从蚁眼和鹰眼两个视角去看待事物,待人接物就能高屋建瓴。善于区别使用鹰眼与蚁眼,就能找到与人交谊的原点。※上田比吕志(出生年不详)：成人私塾"缘分"的代表。出生于大正时期创建的老字号日式酒家家庭。

人　生

　武蔵野（むさしの）を散歩する人は、道に迷うことを苦にしてはならない。どの道でも足の向く方向へゆけば、必ずそこに見るべく、聞くべく、感ずべき獲物がある。※国木田独歩（くにきだどっぽ）(1871～1908)：作家。千葉県出身。

　コメント：人生は、誰もが迷ってばかりです。でも、迷っていた時間は無駄に時間を費やしたように思っても、そこで見たり聞いたり、考えたりしたことは、決して無駄ではありません。迷ったからこそ、出会えるものもあるのですから。

解説
　　跟我来ついてこい

1. 「苦にする」慣用語，意为"苦恼""担心"。
　　◇彼は多額の借金を苦にするあまり、自殺をはかろうとしました。/他被巨额的借款所困，企图自杀。
2. 「足の向く」慣用語，原形是「足が向く」。意为"信步而行"。
　　◇二度と戻るまいと思った故郷にいつのまにか足が向いていました。/我曾发誓再也不回故乡，可不知不觉间又回去了。

原文翻译

　在武藏野散步的人别为迷路困扰。不论信步走向哪条路，在那一定会有值得看、值得听、值得感受的事物等你去收获。※国木田独步(1871～1908)：作家。日本千叶县人。

痛みという原動力がなければ、私たちは人生を変えようとは、なかなか思いません。※マイケル・ボルダック(生年不明)実業家。カナダ人。

コメント:痛みは誕生と成長を促すホルモンと考えましょう。人生において痛みに出会わなければ、次の成長は生まれません。

原文翻译

没有痛苦作为原动力,我们压根儿不会想要改变人生。※迈克尔·波尔达兹(Michael Bolduc,生年不详)实业家。加拿大人。

迷ったときは原点に戻って再スタートすればいい。※谷川浩司(たにがわこうじ)(1962～):将棋棋士。兵庫県出身。

コメント:迷ったときこそ、原点に戻って単純明快に考えるようにしましょう。多くのことが複雑に関係してくると、そこから抜け出せなくなり更に事態を難しくしてしまいます。初心(しょしん)、原点、基本を思い出してみましょう。

原文翻译

迷茫时,回到原点,重新出发即可。※谷川浩司(1962～):职业象棋手。日本兵库县人。

個性ってのはさ、何かを一生懸命に真似しないと、手に入れることなんて絶対にできないんだよ。始めから独自のものを目指そうったって、そんなのうまくいくはずがない。音楽だって、絵だって、人生だってそうさ。

※道尾秀介(みちおしゅうすけ)(1975～):作家。兵庫県出身。

コメント:売れないセールスマンなら、べらぼうに売れるトップセールスマンを演じればいいわけです。要するに、トップセールスマンの真似をすることです。心配しないでください。真似をすることが個性を奪うものではありません。どこを真似するかで個性が出ますよ。

原文翻译

　　个性呀,不通过努力模仿,是绝对无法拥有的哦。从一开始就想追求特立独行无异于缘木求鱼。音乐如此,绘画如此,人生亦如此。※道尾秀介(1975～):作家。日本兵库县人。

　　苦難が来ればそれもよし、順調ならば更によし、という心づもりを常に持ち、人一倍の働きを積み重ねてゆくことが大切だと思う。※松下幸之助。

　　コメント:人生逆風が吹いているときも、順風が吹いているときも、平常心を忘れず、「人事を尽くして天命を待つ」という心構えで努力を重ねていけば、必ずや運命が自分の期待する方向へ向かうでしょう。

原文翻译

　　予吾苦难,甚幸;予吾顺畅,幸甚。我认为常执此念,不断付出人一我十、人十我百的努力是至关紧要的。※松下幸之助。

　　人生は自分で作るもの。遅いということはない。※カーネル・サンダース(1890～1980):実業家、ケンタッキーフライドチキン創業者。アメリカ人。

　　コメント:すべての偉大な戦略(せんりゃく)は、最終的にドンくさい作業によって実現されます。

原文翻译

人生乃自创，永远不言迟。※哈兰·山德士（Harland Sanders，1890～1980）：实业家、肯德基创始人。美国人。

人生は十段変速の自転車のようなもの。自分が持っているものの大半は使ってない。※チャールズ・シュルツ（1922～2000）：漫画家。アメリカ人。

コメント：持っているだけでなく、持っているものがどんどん活用できる人は、人生の勝者になります。

原文翻译

人生就像十速自行车。自己所拥有的大部分能力尚未被使用。※查尔斯·舒尔茨（Charles Schulz，1922～2000）：漫画家。美国人。

若くして求めれば、老いて豊かである。※ゲーテ。

コメント：自分が欲しいもの、やりたいことを見つけ、できるだけ早くスタートしましょう。

原文翻译

少有进取，老有丰润。※歌德。

一生涯の目的を達成せんとするものは、いかなる固執も、障害も、目前の名利も介さず、忍ぶ、粘る、堅忍持久、終始一貫、最後の目的に突進することである。※石橋 正二郎（いしばし しょうじろう）(1889～1976)：ブリヂストン創業者。福岡県出身。

コメント:艱難(かんなんなんじたま)汝玉にす。挫折のない人生ほど、つまらぬ物はありません。自分が掲(かか)げた一生涯の目的を遂行させるためには、一心不乱(いっしんふらん)に遂行あるのみです。しかし、ほとんどの人が途中で挫折を味わいます。それもまた人生ですが、後悔しないように全力を尽くしましょう。

解説
跟我来ついてこい

「艱難汝玉にす」谚语,意为"不吃苦中苦,难为人上人"。

◇人は多くの苦しみや困難を経て初めて立派な人間となります。つまり「艱難汝を玉にす」ということですね。/要经历多重困苦和磨难人才能有出息,即"不吃苦中苦,难为人上人"。

原文翻译

要想达成毕生的目标,就要毫不介意任何固执、障碍、眼前的名利,做到忍耐、顽强、坚韧持久、始终如一,朝着最终的目标突进。※石桥正二郎(1889～1976):普利司通公司创始人。日本福冈县人。

人生とは機会です。その恩恵を受けなさい。

人生とは美です。賛美しなさい。

人生とは至福(しふく)です。味わいなさい。

人生とは夢です。実現しなさい。

人生とは挑戦です。対処しなさい。

人生とは義務です。全うしなさい。

人生とは試合です。参加しなさい。

人生とは約束です。それを果たしなさい。

人生とは悲しみです。克服しなさい。

人生とは歌です。歌いなさい。

人生とは闘争です。受け入れなさい。

人生とは悲劇です。立ち向かいなさい。

人生とは冒険です。挑戦しなさい。

人生とは幸運です。呼び込みなさい。

人生とはあまりに貴重です。壊してはいけません。

人生とは人生です。勝ち取りなさい。

※マザー・テレサ(1910～1997):カトリック教会の修道女、ノーベル平和賞受賞者。旧ユーゴスラビア(現マケドニア)出身。

コメント:波瀾万丈の人生こそ、ありがたくて味なものです。波瀾万丈の人生は、誰もが避けたいと思うかも知れませんが、予期せずそのような人生をもし歩み始めてしまったら、果敢に挑戦し自分に強くなりましょう。

人生乃机会,请承恩。　　　　　人生乃悲伤,请克服。

人生乃美丽,请赞赏。　　　　　人生乃歌咏,请放声。

人生乃至福,请体会。　　　　　人生乃斗争,请接受。

人生乃理想,请实现。　　　　　人生乃悲剧,请直面。

人生乃挑战,请应对。　　　　　人生乃冒险,请挑战。

人生乃义务,请履行。　　　　　人生乃幸运,请邀约。

人生乃竞赛,请参与。　　　　　人生实宝贵,切勿毁。

人生乃约定,请兑现。　　　　　人生即人生,请赢取。

※特蕾莎(Mother Teresa,1910～1997):天主教会修女、诺贝尔和平奖获得者。前南斯拉夫(现马其顿共和国)人。

人生とは、自分自身が脚本を書き、主役を演じるドラマだ。※稲盛和夫

コメント:自分の未来を予測する最もよい方法は、自分で未来を創り出す

ことです。さあ、自分の考えと行動で、自分の未来を創っていきましょう。

原文翻译

人生电视剧,自己写脚本,自己当主演。※稻盛和夫。

あなたの使う言葉があなたの人生を操っている。※アンソニー・ロビンズ (1960〜):世界NO1.コーチ、実業家。アメリカ人。

コメント:言霊は、あなたの口から吐き出した神様でもあれば悪魔でもあります。たとえば、あなたが元気いっぱいになろうと思うのなら、今日から「私は元気、とても元気」と声に出して言ってみることです。もし、幸せになりたいのなら、「ああ幸せだ」「幸せだなぁ」と心を込めて言ってみることです。とにかく、朗らかな言葉を使う人には、明るい境遇が開けます。言葉の通りに、自分も周囲も変わっていく。言葉は生きています。

原文翻译

你所运用的言辞决定你的人生。※安东尼・罗宾(Anthony Robbins,1960〜):世界第一成功导师、实业家。美国人。

よく、あの人はまだ自分探しが終わってないなどという人がいるが、そもそも自分とは探すものではない。自ら創り出すものである。※トマス・サズ(1920〜):精神分析学者。ハンガリー生まれのアメリカ人。

コメント:答えを探すことよりも、自ら答えを創り出すことを考えましょう。自分にぴったり合った答えが見つかるまで探し続けているうちに、探すことが目的になってしまわないように気をつけましょう。

原文翻译

　　常有人说,那人还未找到自我。实际上自我不是寻找出来的,是自己创造出来的。※托马斯・萨斯(Thomas Szasz,1920~):精神分析学家。出生于匈牙利的美国人。

　　最後のしぶとさは、人生を生きるうえで非常に重要である。たとえば、もうダメだと思ってから、あと一問解くとか、もう読めないと思ってから、更にあと一ページ読んでみる。自分に少し負荷をかけた勉強法を繰り返していくことで、「根っこの忍耐力」がついてくるのだ。※伊藤　真(いとうまこと)(1958~):弁護士。東京都出身。

　　コメント:ほとんどすべての人間は、もうこれ以上アイデアを考えるのは不可能だというところまで行き着き、そこでやる気をなくしてしまいます。いよいよこれからだというのに。

原文翻译

　　最后的坚持对于人生非常重要。比如,已经觉得不行了,再解一题。觉得已经读不下去了,再看一页。不断给自己增加一点负担地去学习,就会养成"根植于心的忍耐力"。※伊藤真(1958~):律师。日本东京人。

　　今日の生活は、すべてこれまでの決断の結果だ。誰と時間を過ごすか、何を学び何を学ばないのか、何を信じるか、何を諦め、何を追求(ついきゅう)するか、結婚するか、食べるか、タバコを吸うか、酒を飲むか、どんな人物になるか、職業を選ぶか。

　　運命を決めるのは、人生を取り巻く環境ではなく、その人の決断だ。

だから、もし心から人生を変えたいと願うなら、自分が何のために生きていて、これから何をして、何に全力投球をしていくのかについて改めて決断することが、何より大切なのである。※アンソニー・ロビンズ。

コメント:自分の運命は自分で管理してください。でなければ、あなたは誰かに自分の運命を決められてしまいます。

原文翻译

今天的生活完全是过去决断的结果。选择和谁在一起,学什么不学什么,相信什么,放弃什么,追求什么,是否结婚,是否吃饭,是否抽烟,是否喝酒,选择成为什么样的人,选择什么样的工作。

决定命运的不是周围的环境,而是本人的决断。

因此,如果发自内心地想改变人生,最为重要的是重新决断这些问题:自己为了什么而活着,今后要做什么,在什么方面全力以赴。※安东尼·罗宾。

生きるというのは、瞬間瞬間に情熱をほとばしらせて、現在に充実することだ。過去にこだわったり、未来でごまかすなんて根性では、現在を本当に生きることはできない。※岡本太郎。

コメント:「振り向くな、振り向くな、後ろには夢がありません」今を生きることに、真剣であれ。真剣に生きていれば、過去を振り返る時間もないはずです。未来は今の延長線上にあります。今をどう生きているかによって、未来は決まってきます。

原文翻译

活着,就是在每一瞬间都以奔放的热情去让现今丰润。对过去纠缠不休,或者用未来作为搪塞,这种秉性表明你不可能真正地活在当下。※冈本太郎。

　人生は海である。水を汲み出すのに、スプーンだろうが、バケツだろうが、タンクローリーだろうが、海にとっては関係ない。海は無限だからだ。自分の取り分に対する唯一の限界は、あくまでも自分が設ける限界なのである。
※ダン・ケネディ(1954〜)：コピーライター。アメリカ人。
　コメント：自分の秘められた能力に限界などはありません。生きている間に、どのくらいその能力を発揮できるかによって、人生が決まってきます。

原文翻译

　　人生如海。无论用勺子、桶或水罐车来汲取，对于大海来说都了无差异。因为沧海无穷尽。你能取多少，唯一界限，说到底，由你自己设定。※丹·肯尼迪(Dan Kennedy,1954〜)：撰稿人。美国人。

　登山の目標は山頂と決まっている。しかし、人生の面白さはその山頂にはなく、かえって逆境の、山の中腹（ちゅうふく）にある。※吉川英治。
　コメント：良い時も、悪い時も、そのプロセスから何かを学びとろう。その時は苦しくて辛いけれど、そこから学べば、後々それは大きな財産となる。逆境を乗り越えた経験は、どんな経験にも勝ると考えてみましょう。

原文翻译

　　毫无疑问，登山的目标是顶峰。不过，人生的妙趣却不在顶峰，而在逆境的半山腰。※吉川英治。

ボーイズビーアンビシャス（少年よ、大志を抱け）。実は、この言葉には続

きがある。ライクアオールドマン(老人のように)。老人というのは、いつ死ぬか分からない。だからその日一日を大事に生きている。少年達も大きな志を持ちつつ、老人のように死生観を持ちながら一日一日を大事に生きなさい、というメッセージである。※ 林 正孝(はやしまさたか)(1962〜):ソニー生命保険株式会社エグゼクティブライフプランナー。広島県出身。

　コメント:死というものは、必ず、いつか、みんなにやって来るものです。でも、今をどのように生きて行くか、何をしたいか、生きることに本当に真剣になれば、死ぬことなんて怖くなくなるものです。

原文翻译

　　Boys, be ambitious(少年,胸怀大志吧)!实际上,这句话还有下文。Like an old man(像一位老者)。说的是老人不知何时会离开人世,所以每一天都活得很珍惜。所以这句话想要传达的信息是:少年要胸怀大志,同时也要拥有像老人一样的生死观,珍惜每一天。※林正孝(1962〜):索尼生命保险株式会社高级人生设计师。日本广岛人。

　先のことを考えすぎると、取り越し苦労をしたり、誇大妄想(こだいもうそう)に陥ったりして必ず人生に裏切られます。大切なことは一つだけ。明日の朝、もしも目が覚めなくても、後悔しないと思える毎日が送れればいいのです。※美輪 明宏(みわあきひろ)(1935〜):歌手、俳優。長崎県出身。

　コメント:幸せになりたいならば、「あの時ああしていれば」と言う代わりに、「この次はこうしよう」と言うことです。

原文翻译

　　过多地考虑将来,要么杞人忧天,要么陷入不切实际的妄想,结果必然辜负人生。重要的只有一件事:只要度过无悔的每一天即可,即使明早不再醒来。※美轮明宏(1935〜):歌手、演员。日本长崎县人。

21

とうしょうぐういくん
東照宮遺訓

1. 人の一生は、重き荷を負うて遠き路を行くが如し。急ぐべからず。
2. 不自由を常と思えば不足なし。
3. 心に望みおこらば困窮（こんきゅう）したるときを思い出すべし。
4. 堪忍（かんにん）は無事長久（ぶじちょうきゅう）の基。
5. 怒りを敵と思え。
6. 勝つことばかり知りて負くるを知らざれば、害その身に至る。
7. 己を責めて、人を責（せ）むるな。
8. 及ばざるは過（ま）ぎたるに勝れり。

※徳川家康（とくがわいえやす）(1543〜1616)：戦国大名、江戸幕府の初代征夷大将軍。三河国（現愛知県）出身。

コメント：辛い時、人生は常に重い荷を担（かつ）いで長い道のりを歩く様子に似ている、というこの名言を思い出せば、また、重い荷を担ぎ直して前へ歩き出せます。

 解説
 跟我来ついてこい

1. 「負うて」文语，相当于现代日语的「負って」。古代日语没有音便。
2. 「遠き路」文语，相当于现代日语的「遠い路」。
3. 「(おこら)ば」文语接续助词「ば」前接动词未然形时表示假定条件，前接动词已然形表示确定条件。此处为假定条件。在现代日语中统一为动词假定形，相当于文语的已然形。
4. 「〜たる」文语完了助动词「たり」的连体形，前接动词连用形，此处作定语。

◇過ぎたるは及ばざるが如し。/过犹不及。

5.「責むる」为文语四段活用动词「責む」的连体形。相当于「責める」。

6.「(勝れ)り」文语完了助动词,表示动作的完了或存续,相当于「た」或「ている」,前接动词已然形。

◇目録持ちて参れり。/持目录造访。

原文翻译

东照宫遗训

1. 人生如负重远行,不可操之过急。
2. 窘迫乃常情,作此想便无不满。
3. 心生奢望日,便思困窘时。
4. 容忍乃平安长久之根本。
5. 视愤怒为敌人。
6. 知胜不知败,害不远矣。
7. 责己勿责人。
8. 宁不及,勿过之。

※德川家康(1543〜1616):战国大名、江户幕府第一任征夷大将军。日本三河国(现爱知县)人。

私は事業に失敗して財産を失い、48歳から再出発した。60歳、70歳からでも新たな挑戦はある。人生に遅すぎるということはない。※安藤百福。

コメント:金儲けのうまい人は、無一文(むいちもん)になっても自分自身という財産を持っています。ある意味で人生は健康をベースに努力というプラスアルファを足していく勝負です。何もかもゼロにリセットされたとき、健康がゼロでなければいくらでも努力が足せていき、いくらでも新たなチャンスを手にすることができます。

原文翻译

我因事业失败而财产尽失，48岁重新开始。到了60岁、70岁还有新的挑战。人生从不嫌晚。※安藤百福。

青年時代は人生で最も幸福な時代であるという信念は、誤った考えの上に成り立っている。最も幸福な人間は、最も味わい深い考え方をする人間のことである。だから人間は年を取るに従って、ますます幸福になっていく。※ウィリアム・ライアン・フェルプス(1865～1943)：教育者。アメリカ人。

コメント：経験の多さにより豊かになり、年の重ねることにより敏感になるような人間になってほしいですね。

原文翻译

青年时代是人生中最幸福的时代，这种信念基于错误的认识。最幸福的人指的是最有思想内涵的人。因此，随着年龄增长，思想的深入，人越幸福。※威廉・里昂・菲尔普斯(William Lyon Phelps,1865～1943)：教育家。美国人。

人生とは、今日一日一日のことである――確信を持って人生だと言える唯一のものである。今日一日をできるだけ利用するのだ。何かに興味を持とう。自分を揺すって絶えず目覚めていよう。趣味を育てよう。熱中の嵐を体じゅうに吹き通らせよう。今日を心ゆくまで味わって生きるのだ。※デール・カーネギー。

コメント：幸せな人間とは、ある環境に置かれた人間ではなく、むしろ、ある心構え、ある姿勢を持った人間でしょう。

原文翻译

人生,就是一个一个的今日。界定人生时,这是唯一可以深信不疑的断言。要充分利用好今日这一天。要有感兴趣的对象,要不断警醒自己,要培养爱好,要激起对事物的热忱。总之,要从心底尽情享受今日。※戴尔·卡内基。

人生はマラソンなんだから、百メートルで一等をもらったってしょうがない。※石坂 泰三(いしざかたいぞう)(1886〜1975):財界人。東京都出身。

コメント:短期的なことだけでなく、長期的な視点でも考えられるようにしましょう。その時々に全力を出し切ることは大切なことだけれども、長期的な視点も持っていなければ、息切れして続きません。短期、長期のバランスを考えてみましょう。

原文翻译

人生无异于马拉松,因此,获得百米赛跑第一名也没什么意义。※石坂泰三(1886〜1975):经济界人士。日本东京人。

順風満帆に何もかもうまくいってしまった人は、何かあった時に崩れやすい。いろんなことに苦しんだり、失敗したり、紆余曲折(うよきょくせつ)があった人の方が、強いんです。雑草は踏まれて、踏まれて、強くなっていくでしょう。それと同じです。挫折はね、人生の宝物なんですよ。※仮屋崎 省吾(かりやざきしょうご)(1958〜):華道家。東京都出身。

コメント:喜びに満ちて浮かれていると、ある時ガーンと頭を殴られます。そして深い絶望を味わっていると、何かの拍子(ひょうし)に希望を取り戻して、また生

きようとします。その繰り返しがあって、強い人間へと変わっていくのでしょう。

原文翻译

　　凡事一帆风顺的人，一旦遇到挫折就容易崩溃。反而那些经历许多痛苦、失败、一波三折的人却很强大,正如杂草越被践踏越顽强地生长。所以说,挫折乃人生的宝贵财富。※假屋崎省吾（1958～）：花道家。日本东京人。

　　僕は以前から「現在は過去からの贈り物である」という言葉が好きで、よく人に言っていました。最近では、それと同時に「現在は未来への貯金でもある」と考えるようになりました。未来を信じること。僕はそれが、気楽に生きる一番のコツだと思っています。※小山薫堂(こやまくんどう)（1964～）：放送作家、脚本家。熊本県出身。

　　コメント：現在の自分は、今までやってきたことの結果で、将来の自分は今やっていることの結果です。

原文翻译

　　我以前喜欢"现在是过去给予的馈赠"这句话,也经常以此言赠人。最近又觉得"现在就是对未来的储蓄"。我觉得相信未来是安度人生的不二法宝。※小山薫堂（1964～）：广播作家、剧作家。日本熊本县人。

　　人生もゴルフと同じように、OBすることもあれば、運よくホールインワンするようなこともある。でもどんな時でも「得意平然(とくいへいぜん)、失意泰然(しついたいぜん)」の気持ちを忘れず、まじめに物事に取り組んでいればおのずと道はひらけてくるんじゃないでしょうか。※内田 棟(うちだむなぎ)（1916～）：プロゴルファー。出身地不明。

コメント：いいときも悪いときも続けます。これが一番難しい。休むのは簡単ですから。

原文翻译

人生就如高尔夫，有时球被打到界外，有时运气好，一击进洞。不过，任何时候，只要保持"得之坦然，失之淡然"的心态，就会精诚所至，道路为开。※内田栋(1916~)：职业高尔夫球手。出生地不详。

私にとっての「人生の成功」の定義を問われるならば、「命あるかぎり、成長していくこと」。その生き方ができるならば、それは、すばらしい人生であると思っています。※田坂広志。

コメント：昨日より今日、今日よりも明日。日々成長することが大事です。

原文翻译

倘被问及"人生成功的定义"，我的回答是："生命存续，成长不息。"若能如此，即为精彩人生。※田坂广志。

生きている間は、何ごとも延期するな。なんじの一生は、実行また実行であれ。※ゲーテ。

コメント：最終的には、実行するかどうかに全てかかっています。実行したことの早さと量が、その成果や新たな可能性を生み出すことになります。考えることに時間をかけすぎないで、実行することにまず意識をもっていきましょう。

原文翻译

活着，诸事莫拖延。尔之一生，由一次次实际行动来堆砌。※歌德。

人間はな、人生という砥石（といし）で、ごしごしこすられなくちゃ、光るようにならないんだ。※山本有三（やまもとゆうぞう）(1887～1974)：作家。栃木県出身。

コメント：平坦な道よりを歩くよりも、谷（たに）あり山ありと、少し起伏に富んでいたほうが、多くの景色を楽しめるのではないでしょうか。人生も同じです。

解説
跟我来ついてこい

「ごしごし」副词，可以表示"咔哧咔哧"的声音以及使劲的样子。

◇シャツの汚れをごしごしこすって洗い落とします。／用力搓洗衬衫上的污垢将其洗掉。

原文翻译

人呀，不用人生砥石不断打磨，何来光鲜灿烂？※山本有三（1887～1974）：作家。日本栃木县人。

どんな生き方を選んだとしても、最初から最後まで順風満帆の人生なんてあり得ないのではないでしょうか。人生は入り口で決まるのではなく、選んだ道で「どう生きていくか」なんだろうと、私は思います。※武良布枝（むらぬのえ）(1932～)：『ゲゲゲの女房』著者。島根県出身。

コメント：人生も絵と同じです。上手に描けない、飽きた、つまらん、そんなこと言って途中でやめるのが一番つまらないと思います。描き上げた絵は、時間が経ってから見直したら、どれもみんな味があるし、そのときは思い

もしなかったようないろんな思い出を連れて来てくれたりします。

原文翻译

不管选择什么样的生活方式,人生都不可能自始至终一帆风顺。我觉得人生不取决于你选择踏上哪条道路,而取决于在选择的道路上如何前行。※武良布枝(1932~):《鬼太郎之妻》作者。日本岛根县人。

もっと軽い荷物にして欲しい、と祈ってはならない。もっと強い背中にして欲しい、と祈りなさい。※セオドア・ルーズベルト。

コメント:強い身体を作り、健全な精神を宿して、人生を強く生きていきましょう。

原文翻译

莫求负担轻,但求筋骨强。※西奥多・罗斯福。

人生における本当の喜びと幸せは、あなたが与えて、与えて、そして、更に与えつづけて、その代償を決して考えない時に見つかります。※アイリーン・キャディ。

コメント:与えることは最高の喜びなのです。他人に喜びを運ぶ人は、それによって、自分自身の喜びと満足を得ます。何しろ、一生の終わりに残るものは、我々が集めたものでなく、我々が与えたものです。

 解説
跟我来ついてこい

「何しろ」副词,意为"总之""毕竟"。用于姑且不论其他,只强调某一点的场合。

◇日本語がうまいはずです。何しろ十年も日本にいたのですから。
/他的日语当然很好。因为他在日本已十年了。

原文翻译

人生真正的喜悦和幸福，是在你付出、付出、不断付出，而不计代价的时候被发现的。※艾琳·凯迪。

　香(かぐわ)しい二十代を過ごそうと思ったら、十代の積み重ねがそうさせる。充実した三十代になりたいと思ったら、二十代で何をやるかにかかってくると思います。四十代のためには、また三十代で補充(ほじゅう)しておく、一生が勉強なの。積み重ねですね。※佐藤陽子(さとうようこ)(1949〜)：ヴァイオリニスト、声楽家、エッセイスト。福島県出身。

　コメント：順調な進歩は、しっかりした基礎によってのみ保証され、豊かな実りは、着実な努力の積み重ねによってのみ約束されます。

原文翻译

　　二十多岁的馨香依靠十多岁的蕴积；三十多岁的充实来自二十多岁的努力；四十多岁的拥有取自三十多岁的存储。日积月累，生生不息呀！※佐藤阳子(1949〜)：小提琴家、声乐家、随笔作家。日本福岛县人。

　人間が生きるということはどういうことかといつも考える。すると死ぬことだということに帰着(きちゃく)する。死ぬと分かれば今日この一日を十分に生きねば損だと思う。

　それでキザな言い方だが、講演するときもこのあと私はきっと死ぬのだと

自分に言い聞かせることにしている。するとその講演に命をかける。二時間がまるで二十分ぐらいの勢いでしゃべってしまう。講演のあとは汗でびっしょりだ。けれども不思議なことにこのほうが疲れない。

思いっきりやったという私だけの満足感が疲れを忘れさせる。聞く人は全くいい迷惑かも知れない。※淀川長治(1909～1998)：雑誌編集者、映画評論家。兵庫県出身。

コメント：人は何かに没頭し時間の経つのも忘れて、全てを「そのこと」だけに集中している時には疲れを感じないものです。遊びでも趣味でも仕事でも、一つくらいはあなたにもそういう経験「そのこと」があるのではないでしょうか。いわゆる、「無我の境地」です。無我とは、我意のないこと、無心なこと、私心のないこと、我を忘れてすることです。自然と一体になり、「今この瞬間を生きる」ことと同じ言葉のように思えます。

解説 跟我来ついてこい

1. 「命をかける」慣用語，意为"拼命""豁出性命"。
   ◇選手たちは次の試合に命をかけて戦う覚悟でいます。/选手们为下一场比赛做好了决一死战的准备。
2. 「～に没頭する」慣用表達，意为"专心致志于……"。
   ◇彼は寝食を忘れて仕事に没頭する人ですね。/他是个废寝忘食埋头工作的人啊。

原文翻译

人总在思考生存的意义，答案最终归结为死亡。人必有一死，不充分过好今天这一天岂不亏大了？

因此，虽然有点装腔作势，但每次演讲前我总是对自己说："这之后我也是必有一死呀！"于是我豁出性命去演讲，把两个小时当二十分钟全力以赴。演讲结束后浑身汗湿透了。然而，不可思议的是，这样反而不累。

尽情演讲的满足感让我忘记了疲劳。没准我的做法倒让听众哭笑不得呢！

※淀川长治(1909～1998)：杂志编辑、电影评论家。日本兵库县人。

人生におけるあらゆる選択肢は、二つだけです。「今やるか、明日やるか」ではありません。「今やるか、一生やらないか」のどちらかです。あなたが、明日やろうと引き延ばしていることは、結局一生やらないのです。※中谷彰宏(1959～)：作家。大阪府出身。

コメント：ビジネスで「いつでもできる」というのは最も危険な考え方です。人は「いつでもできる」と言われると、頭の中で勝手に「今やらなくていい」と置き換えてしまいます。そうやって今できる仕事を後回しにすれば、スピードが遅くなるのは当たり前です。

原文翻译

人生只有两个选项，不是"今天做或明天做"，而是"现在做或一辈子不做"。打算拖延到明天再做的事儿，最终一辈子都不会去做。※中谷彰宏(1959～)：作家。日本大阪人。

人生に対して積極的精神を有つものは、常に健康や運命の勝利者となる。※中村天風。

コメント：自分の健康についても、積極的な考えを持つようにしましょう。年をとれば体力は当然衰えてきますが、気持ちまで一緒に消極的にならないように逆に気持ちの面から体の健康を推し進めるように考えていきましょう。

原文翻译

以积极心态对待人生之人，总是健康和命运的胜者。※中村天风。

今という瞬間の連続が刻となり、今という瞬間の連続が未来を創ります。だから、未来を不安に思うなら、今この時を目一杯幸せにするのです。今日を楽しめる人は明日も楽しむことができ、今日を楽しめる人は人生ずっと楽しめるのです。※作者不詳。

コメント:誰が言ったか忘れましたが、「私は一日たりとも、いわゆる労働などしたことがありません。何をやっても楽しくてたまらないからです」と。それに、小さな幸せも大きな幸せも、幸せの質において、違いはありません。なのに、人は大きな幸せのことだけを考えて生きています。大きな幸せは滅多にないけれど、小さな幸せは毎日味わえるのに。心開いて身の回りを見れば、ほら、そこにもここにも。幸せの種が一杯です!

解説
跟我来ついてこい

1.「たりとも」连语,由断定助动词「たり」的终止形与接续助词「とも」构成。文语,接体言之后,相当于现代日语中的「(たとえ)…であっても」,意为"即便……也"。

◇こんな狭いところなら、一人たりとも通すわけにはいきませんよ。
/要是这么窄的地儿,就是一个人也过不去呀。

2.「～てたまらない」句型,接在形容词、动词的连用形之后,接名词和形容动词时用名词、形容动词词干+「でたまらない」的形式。表示程度高得让人难以忍受。

◇そのことを思い出すたびに腹が立ってたまりません。/每当想起那件事,就火冒三丈。

原文翻译

把"现在"这一瞬间连续起来即为一刻,"现在"这一瞬间的持续创造出未来。因此,如对未来感到不安,就应该努力幸福地过好当下。能够享受今天的

人也能享受明天,能够享受今天的人能够一直享受人生。※佚名。

人生、九勝六敗でいいんだ。勝ち続けるわけにはいかないんですから、いかに上手に負けを拾うか。※阿佐田哲也(1929～1989):作家。東京都出身。

コメント:勝負とは不思議なもので、勝って力を落とす者もいたし、負けて一段と力を得る者もいましたね。大切なのは倒れないことより、すぐ起き上がることでしょう。

「力を落とす」慣用語,意为"沮丧""泄劲"。

◇弟は大学の受験に失敗して、すっかり力を落としているようです。
/弟弟由于大学入学考试失利而沮丧万分。

原文翻译

人生,9胜6负也没关系。持续获胜是不可能的,关键是要善于吸取教训。※阿佐田哲也(1929～1989):作家。日本东京人。

人生を大切にしたいなら時間を無駄使いしてはいけない。人生は時間によってできているのだから。※ベンジャミン・フランクリン(1706～1790):政治家、外交官、作家、物理学者、気象学者。アメリカ人。

コメント:自分がどんな時間の使い方をしているのかをチェックしてみましょう。忙しいかどうかではなく、その時間が充実できているのか、将来のための投資につながっているのか、自分が納得できる時間の使い方をしま

しょう。

原文翻译

若要珍惜人生就不可浪费时间，因为人生是由时间造就的。※本杰明・富兰克林（Benjamin Franklin，1706～1790）：政治家、外交官、作家、物理学家、气象学家。美国人。

負けたことがない男は、チャレンジしていないのです。こういう人は、失敗談を語れません。自慢話ばかりします。人生において負けたことがないということは、最大の敗因(はいいん)です。人生を豊かにできるかどうかは、あなたがどれだけ負けたかで決まります。※中谷彰宏。

コメント：すればするほど人が離れていくものがあります。それは自慢話です。逆に、すれば、するほど人が寄ってくるものがあります。それは失敗談です。角田光代(かくたみつよ)曰く、「負けたのがほんとに悔しくて泣けてくるぐらい、楽しかったです」と。

原文翻译

没有失败经历的人，说明不曾挑战。这种人便无失败经验可谈，只能自吹自擂。人生没有经历过失败就是最大的失败。因为人生的丰润程度由失败的多寡决定。※中谷彰宏。

私たちの人生は雨の日もあり、風の日もあり、晴れの日もあります。しかし、雨の日は雨の日を楽しみ、風の日には風の日を楽しみ、晴れの日は晴れの日を楽しむ。すなわち楽しむべきところはそれを楽しみ、楽しみ無きところもまた無きところを楽しむ、これを日々是(こ)れ好日(こうじつ)というわけです。

※細川景一(ほそかわけいいつ)(1940〜):僧侶、財団法人禅文化研究所理事長。愛知県出身。

　コメント:晴れの日は枝(えだ)が伸びます。雨の日は根が伸びます。日本人は「日々是れ好日」という言葉が好きなようで、よく床の間にこの掛け軸がかかっているのを見かけます。人生苦しい時も楽しい時も、その中で楽しみを見出し、淡々と日々を送ることに幸せがあるのです。

解説
跟我来ついてこい

「日々是れ好日」谚语，意为"天天都是好日子""天天悠闲自在"。
　◇日々是れ好日というように、どんなことがあっても、楽しく過ごしていきましょう。/正所谓"开开心心每一天"，不论发生何事都要快乐地活下去。

原文翻译

　人生既有不测风雨，也有明媚阳光。不妨刮风爱风，下雨喜雨，晴空赏日，也就是说要得乐且乐，无乐宜乐，如此，即"日日是好日"。※细川景一(1940〜):僧侣、财团法人禅文化研究所理事长。日本爱知县人。

　人生は一筆書(ひとふでが)きのようなものだと思います。今いる場所は、どこからかつながってきている。一筆書きの線が切れていたら今日はないのです。ですから、今起きている嫌なことも、良いことも、必ずどこかにつながる道になっているんですよ。※秋元 康(あきもとやすし)(1956〜):作詞家、放送作家。東京都出身。

　コメント:人生に無駄なことなんか、一つもありません。

原文翻译

　我觉得人生就像一笔画，今日所处之所，必与某处相连。一笔绘成之线若断开，便无今日可言。所以，现在发生的好事、坏事都定将成为通往将来某处的

必经之路。※秋元康（1956～）：作词家、广播作家。日本东京人。

人生すべて実験である。実験の数は多ければ多いほどよい。失敗したら、もう一度起き上がればよい。転んだって何ともない。※ラルフ・ワルド・エマーソン。

コメント：「私の最大の栄光(えいこう)は、一度も失敗しないことでなく、倒れるごとに起きることにある。」と、ゴールドスミスが言っています。何でもパラダイムシフトしましょうね。たとえば、破産したとき、もうだめだとみんな思ってしまいます。しかし、パラダイムシフトできる人は、そこから復活する本を書けると喜びます。

原文翻译

人生皆实验，次数多多益善。失败了？再来一遍就是。多跌倒几次怕什么？※拉尔夫・沃尔多・爱默生。

人生を幸せに、豊かに生きる法則があります。それは自分の魂を輝かせて生きるという生き方をすることです。どうしたら自分の魂を輝かせて生きることができるのか。自分のしたいことをして、それで人のお役に立つ仕事をしているとき、人の魂は輝きます。※七田 真(しちだまこと)（1929～2009）：教育研究家。島根県出身。

コメント：如何にささやかなことでもいいのです。とにかく人間は他人のために尽くすことによって、初めて自他共に幸せになります。これだけは確かです。

原文翻译

　　幸福美满、丰富多彩的人生法则是什么？就是要让自己灵魂闪耀。如何做才能让自己灵魂闪耀呢？行己想做之事并惠及他人，此时，你的灵魂就会闪耀。
※七田真（1929～2009）：教育研究家。日本岛根县人。

　　大人になるのは過去の出来事をすべて受け入れ、自由になることなのです。そんなふうに年をとることを楽しんでいける人は、年を重ねるごとに人生の達人として生き生きと活力を放つはずです。※作者不詳。

　　コメント：年を重ねて、世の中の見方であるとか、自分の人生であるとか、いろいろ深まってきます。それを仕事に反映させるのが、すごく楽しいのです。

原文翻译

　　成熟，就是接受过去所发生的一切后仍然悠然自得。能够如此这般享受岁月叠加的人，年纪越长便会越发活力四射，成为人生达人。※佚名。

　　過ぎたことを悔やむのはお止めなさい。人生は常に今日が新たな出発点！いつもすっきりした心でスタートラインに立つのです。※葉祥明（ようしょうめい）（1946～）：絵本作家。熊本県出身。

　　コメント：今日という日は、残りの人生の最初の日です。人生は、できることに集中することであり、できないことを悔やむことではありません。

 解説 跟我来ついてこい

　　「すっきり」副詞，常后续「と」。表示"心情舒畅""流畅""清楚""齐整"等意。

此处意为"心情舒畅"。

◇寝不足で今日一日中頭がすっきりしませんでした。/因睡眠不足,今天一天头脑都不清醒。

◇すっきりした文章は読みやすく、子供向けの読み物として何よりです。/简洁通顺的文章易懂,作为儿童读物很适合。

原文翻译

懊悔何益？今天永远是人生新的出发点！每天都要以轻松舒畅的心态站在起跑线上。※叶祥明(1946～):连环画画家。日本熊本县人。

何でもいい、一つに自信が持てると、大きく人生観が変わる。やればできる！この自信が私の人生を支えています。※淡谷のり子(1907～1999):歌手。青森県出身。

コメント:脳はプログラムされていますね。「できない」という言葉とともに停止し、「できる」という言葉とともに動きだし、「楽しい」という言葉とともにフル回転します。

原文翻译

兵来将挡,水来土掩。有此自信,人生观就会截然不同。事在人为！这份自信撑起了我的人生。※淡谷Nori子(1907～1999):歌手。日本青森县人。

私は今までの人生で「意味のないことは全くなかった」と分かったとき、本当の意味で感謝の気持ちが出てきました。無駄は一つもありませんから、無駄とするかどうかは、ご自分次第なのです。※足立幸子。

コメント:人生の中でこの時期は要らなかったということはありません。

それがどんなに辛い時期でも通ってきた道には必ず理由があります。

原文翻译

　　迄今为止的人生，不存在任何无意义之事，当我明白其中道理后，感激之情油然而生。世间本无徒劳之事，故是否徒劳皆取决于自身。※足立幸子。

　　人生は、どんなことを、体験するかではなく、体験する事柄をどう捉えるかという質で決まります。質の高い人生にしようと思ったら、どんな体験にも、肯定的な前向きさと、素直な謙虚さで対応することが大切です。※高島伶明(生年不明)スピリチュアル鑑定師。青森県出身。

　　コメント：目の前の出来事に対して常にプラスの解釈ができれば、過去に「不運」と思っていたことも「幸運」ととらえることも可能です。それを「不運」だと思ったら、もう負けです。

原文翻译

　　人生不在于体验什么，而在于如何看待体验。如想拥有高质量的人生，不管经历什么，都要以肯定、积极、朴实谦虚的态度去对待，这一点很重要。※高岛伶明(生年不详)精神鉴定师。日本青森县人。

　　今になってようやく分かってきたんですが、転機って幸運として訪れるよりも不運として訪れることが多いですね。※唯川恵(1955〜)：作家。石川県出身。

　　コメント：人生の転機が訪れたとき、変化を受け入れるか抵抗するかのどちらかですが、変化を受け入れたほうがうまくいくことのほうが多いです。

原文翻译

时至今日我总算明白了这么一个道理：转机，很多时候意味着遭遇不幸，而非幸运降临。※唯川惠(1955～)：作家。日本石川县人。

人間という奴は、一生のうちに何かに夢中にならんとな。何でもいいから夢中になるのが、どうも、人間の生き方の中で一番いいようだ。※井上靖。

コメント：人生というのは、どのくらい無我夢中の時間を過ごせるか、で決まると思います。

 解説
跟我来ついてこい

「ならんと」其中「ん」是否定助动词「ぬ」的音便，「ならんと」是「ならなくてはいけない」的省略表达方式。意为"必须……"，多用于口语中。

◇早く行かんと間に合わんぞ。/不赶紧去就来不及了。

原文翻译

人这玩意儿，一辈子总得热衷点儿什么。无论什么，热衷就好。这似乎是最好的生活方式。※井上靖。

今の自分は、過去の体験があったからこそ存在するわけで、未来の自分は今の体験をどう積み上げていくかで決まるのだ！※遠藤励起(1957～)：出版編集者。山梨県出身。

コメント：言い換えれば、現在のあなたは、過去の思考の産物です。そして明日のあなたは、今日何を考えるかで決まります。

原文翻译
　　没有过去的体验就没有现在的自己。故未来的自己取决于如何积累现在的体验。※远藤励起（1957～）：出版社编辑。日本山梨县人。

　　自分の人生で恵まれていることを数え始めたら、私の人生はすべてが上向きになった。※ウィリー・ネルソン（1933～）：歌手、俳優。アメリカ人。
　　コメント：幸せになる秘訣とは、悩みごとの足し算をするのではなく、自分が恵まれている面を数えることです。たとえ今、不幸だったり、挫折していたり、恵まれない環境にあるとしても、それは幸運を掴む機会に巡り合っているのかも知れないと思ったらいかがですか。

原文翻译
　　一旦开始回味人生中所获恩惠，我便有了积极向上的人生。※威利·尼尔森（Willie Nelson,1933～）：歌手、演员。美国人。

　　今この瞬間、自分が生きている。「それだけですごいじゃないか！」と思える。その「すごい自分」を真剣に、そして、淡々と生きたらいい。禅の心に沿った肩の力が抜けた生き方とは、きっとそんなものだと思うのです。※枡野　俊明（しゅんみょう）（1953～）：僧侶、作庭家（さくていか）。神奈川県出身。
　　コメント：すべてにおいて言えますが、「誠実な生き方」をただ、淡々と積み重ねていくのはどうでしょうか。

原文翻译
　　此时此刻，我活着，于是想："就这也弥足称道了！"让"了不起的自己"认真而平淡地生活下去，岂不妙哉！顺应禅心，心浮白云的生活理念定当如此。※

枡野俊明(1953～):僧侣、庭院设计师。日本神奈川县人。

　人生航路の苦楽も盛衰も、神より与えられている修行の手段であることを、自覚しなければならないのであります。※高橋信次。

　コメント:どんな場面に直面しても「今は修行中だ」と思えば、渋柿からもよき教訓を得ることができます。

原文翻译

　　必须意识到:人生航程的苦乐盛衰,都是神所赐予的修行手段。※高桥信次。

　かつて行ったことのないどんな場所でも地図さえあれば、迷うことなく辿り着くことができます。人生もそれと同じです。先哲や賢人が作ってくれた地図を参考に自分の足で人生という道を歩かなければなりません。そして、誰にとっても歩き始めるのに遅すぎる、ということはありません。※作者不詳。

　コメント:どんなことを始めるのにも、決して遅すぎるということはありません。あなたのこれからの人生の中で、今日という日ほど若い日はないのですから。

原文翻译

　　即便是从未涉足过的地方,只要手执地图,就能最终抵达终点而无迷失。人生也是如此。应当参考往哲先贤已为我们绘制好的"地图"一步一个脚印地走下去。而且,对于任何人来说,无论何时迈步,都不会晚。※佚名。

その他

　　人間は考えることが少なければ少ないほど、よけいに喋る。※シャルル・ルイ・ド・モンテスキュー(1689〜1755)：哲学者。フランス人。
　　コメント：口を開いているような人は心にしまりがありません。

原文翻译

　　人思考得越少越饶舌。※孟德斯鸠(Charles-Louis de Montesquieu, 1689〜1755)：哲学家。法国人。

　　本（ほん）というものは、わずか数行（すうぎょう）でも役に立てば、それだけで十分値打ちのあるものだ。※津田左右吉（つだそうきち）(1873〜1961)：歴史学者。岐阜県出身。
　　コメント：多くのことの中から、光り輝くものを見つけていきましょう。

原文翻译

　　一本书，哪怕令人获益处仅寥寥数行，也值得一读。※津田左右吉(1873〜1961)：历史学家。日本岐阜县人。

　　どれほど沢山の知識を頭に詰め込んだとしても、使わないなら、意味がないどころか重たいだけだ。※キケロ。

コメント:インプットしたら、それをどんどんアウトプットしていきましょう。

解説 跟我来ついてこい

「〜どころか」句型,接在名词、形容词和动词连体形之后,接形容动词时既有连体形,也有省去「な」的形式。多用于后续内容与前项相反的情况,从根本上推翻说话人或听话人的预想、期待的事实。

◇彼女は静かなどころか、すごいおしゃべりですね。/她哪里文静,简直太能说了。

原文翻译

填入满脑子的知识,如若不用,岂但无益,还令人思维滞钝。※西塞罗。

僕が終えたばかりのコンサートの報告をすると、「どうだった?」と尋ねてきたんです。僕は「うまくいったよ」と答えると、父は怒って「お前の出来栄(でき ば)えじゃない。客が喜んだかどうかだ」って。※山本祐ノ介(やまもとゆうのすけ)(1963〜):チェリスト。東京都出身。

コメント:相手の視点から捉えることの大切さを教えてくれる一文です。

原文翻译

音乐会刚结束,我向父亲报告。父亲打断我的话问道:"效果如何?"我回答:"演奏得还不错呢。"父亲怒曰:"谁问你了?我问的是客人高不高兴!"※山本祐之介(1963〜):大提琴演奏家。日本东京人。

あなたの挑戦すべき記録は、世界新記録でも、日本新記録でも、大会新記録

でもありません。自己新記録です。※中谷彰宏。

　コメント:昨日の自分と見比べて得られた喜びは、魅力的な人格を作り上げます。

原文翻译

　你所要挑战的,不是刷新世界纪录、日本纪录、大赛纪录,而是要刷新自己的纪录。※中谷彰宏。

「志」という字を見てください。「十」を書いて「一」を書いて「心」と書くでしょう。「十ある心を一つに定めていく」のが志なんですね。常にチラチラと散らばっている心をまとめて一本に絞りあげていく。それが志なんです。

※藤尾秀昭(生年不明)致知出版社代表取締役。出身地不明。

　コメント:大切なのはどれだけ沢山のことをしたかではなく、どれだけ心を込めたかです。この意味で、一つに絞ることは、道を究めるために必要な要素かも知れません。

原文翻译

　请看"志"这个字,写作"十"字下面一个"一"再加一个"心","十心归一"便是"志"。将平时散乱的想法拧成一股劲儿,这就是"志"。※藤尾秀昭(生年不详)致知出版社社长。出生地不详。

ぼけない秘訣は三つあるんです。文章を書く、絵を描く、そして恥をかくということ。それを僕は全部やっている。※やなせたかし(1919〜):漫画家、アンパンマンの作者。高知県出身。

　コメント:人生で犯しがちな最大の誤りは、誤りを犯さないかと絶えず恐

れることです。

原文翻译

保持大脑敏捷的三大秘诀：写作、画画、丢面子。这些我都做过。※柳濑嵩（1919～）：漫画家，"面包超人"作者。日本高知县人。

心が燃えずに、かつて偉大なことの成就されたためしはない。※ラルフ・ワルド・エマーソン。

コメント：自分の感情を大切にし、パワーの源にしましょう。いくら理論的に計画されていても、最後の一押しは人の気持ちになります。五感をすべて使って、自らの気持ちを高めていきましょう。

原文翻译

心无激情，成何伟业？※拉尔夫・沃尔多・爱默生。

あらぬ現実を考えることは、今やっていることの楽しみを失わせる。※リチャード・カールソン。

コメント：今やっていることに集中し、ベストを尽くします。理想を求め、あれこれ考える前に、今の状況でもできることを考えてみましょう。そこから手にできることは、将来に向けての大きな原動力になるはずです。

原文翻译

杞人忧天，万事皆愁。※理查德・卡尔森。

国家の興亡は戦争の勝敗によらず、その民の平素の修養による。※内村鑑三(1861～1930)：思想家。江戸(現東京都)出身。

コメント：民が修養を持たない国は、いくら経済的に進んでいても、「先進国」とは言えません。

原文翻译

国之兴亡，不系于战争胜败，而系于民之素养。※内村鉴三(1861～1930)：思想家。日本江户(现东京)人。

すべての人がアイデアを生み出す力をもっていることは確かだ。しかしその力は才能と同様、訓練しないと伸びない。※クロフォード(1904～1988)：作家。アメリカ人。

コメント：きっと人にとって一番大事なのは、知識そのものではなくて、知識を得ようとする気持ちと意欲なのでしょうね。そういうものがある限り、私たちはなんとか自分で自分の背中を押すように、前に進んでいくことができます。

原文翻译

可以确定的是：人人都具备构思创意的能力。但是这种能力，与才能一样必须加以训练才能得以提高。※克劳福得(Clfford, 1904～1988)：作家。美国人。

今も昔も100％の自信なんか持てへんもんな。30％の不安、それが必要な

んやね。人間不安がなかったら努力せぇへんもんな。※島田紳助(1956～):タレント。京都府出身。

コメント:「成功は不安と引きかえに訪れる」ということを覚えておくといいでしょう。新しいことに挑戦するのに居心地の悪い思いをしないようでは、成功することなどありえません。

 解説
跟我来ついてこい

1.「へん」关西方言,相当于否定的「ない」。在现代日语里,「ない」是「ある」的否定形,可是在关西方言里仍保留着许多古典日语的语言习惯。如「おらへん」(不在)、「寝れへん」(不能睡)、「食べへん」(不吃)等等。
　◇へえ、そんな頭ええのに、何で大学に行かへんかったん。/咦,你那么聪明,为什么不上大学呢?

2.「(努力)せぇへん」关西方言,相当于「(努力)しない」。
　◇あの人反省せぇへん。/他不反省。

原文翻译

　无论过去还是现在,我都无法拥有100%的自信。30%的不安是必须的。人无不安,则无努力。※岛田绅助(1956～):艺人。日本京都人。

学問を知っている人は、学問を愛する人に及ばない。学問を愛する人は、学問を楽しむ人に及ばない。※江崎玲於奈(1925～):物理学者。大阪府出身。

コメント:学んでいて楽しくないものは、本当の意味で身につきません。一方で、苦しさを伴わない学びもまた、ニセモノだと思います。

原文翻译

　知晓学问的人不及喜爱学问的人,喜爱学问的人不及享受学问的人。※江

崎玲于奈(1925～):物理学家。日本大阪人。

　　昨日の思想によって子供たちを縛るのは教育ではなくて訓練である。明日の思想によって子供たちを縛るのもまた訓練である。教育は訓練ではない。創造である。※野村芳兵衛(のむらよしべえ)(1896～1986):教育思想家。岐阜県出身。

　　コメント:明日の世界を担う子供への教育は重要です。子供たちが明日を生きるために何か必要で、何を創造していくべきか、思考力と創造力を育てることは、私たちの務めです。

原文翻译

　　拿过去的思想束缚孩子不是教育，是训练；拿未来的思想束缚孩子依然是训练。教育不是训练，而是创造。※野村芳兵卫(1896～1986):教育思想家。日本岐阜县人。

　　時には、二十歳の青年よりも六十歳の人に青春がある。年を重ねただけでは人は老いない。理想を失う時初めて老いる。※サミュエル・ウルマン(1840～1924):詩人。ユダヤ系アメリカ人。

　　コメント:青春とは心の若さなんですね。理想を追い求めていれば、永遠に若者であり続けます。

原文翻译

　　有时，六十岁的老人比二十岁的青年更富活力，岁月流逝人不老，失去理想人方老。※塞缪尔·厄尔曼(Samuel Ullman,1840～1924):诗人。美国犹太人。

顔には「顔だち」と「顔つき」がある。顔立ちは、生まれつきの造作、顔つきは、当人の意志や努力、生き方といったものが加わったもの。※山藤章二（1937～）：似顔絵作家。東京都出身。

コメント：性格は顔に出ます。生活は体型に出ます。本音は仕草に出ます。感情は声に出ます。センスは服に出ます。美意識は爪に出ます。清潔感は髪に出ます。落ち着きのなさは足に出ます。

原文翻译

　　脸包括"轮廓"和"表情"。轮廓，与生俱来；表情，则加入了本人的意愿、努力及生活态度。※山藤章二（1937～）：肖像画作家。日本东京人。

食うこと少なくして噛むこと多くせよ。乗ること少なくして歩くこと多くせよ。着ること少なくして浴びること多くせよ。悶ゆること少なくして働くこと多くせよ。怠けること少なくして学ぶこと多くせよ。語ること少なくして聞くこと多くせよ。怒ること少なくして笑うこと多くせよ。言うこと少なくして行うこと多くせよ。取ること少なくして与えること多くせよ。責めること少なくして誉めること多くせよ。※二木謙三（1873～1966）：医学博士。秋田県出身。

コメント：この健康訓は、体と心の健康を保つためにはどうしたら良いのか日々の過ごし方を教えてくれます。

原文翻译

　　少食多嚼；少乘多走；少穿多浴；少闷多做；少惰多学；少说多听；少怒多笑；

少说多行;少取多予;少责多誉。※二木謙三(1873～1966):医学博士。日本秋田县人。

　頭のいい人、悪い人という区別がよくされるが、本当の天才を除いたら、あとはそう大差(たいさ)ないのが人間である。それでいながら、両者を隔(へだ)ててしまうのは、ほとんどの場合、頭の善し悪しではなく集中力の有無(うむ)である。※多湖 輝(たごあきら)(1926～):心理学者。スマトラ島生まれ。

　コメント:天才とはたいがい、絶え間(たえま)なく一つの事に集中して努力を続けられる人間です。

原文翻译

　　人们常说谁谁谁聪明,谁谁谁笨蛋。其实除了真正的天才,其他的人都相去无几。在这个基础上将两者区分开来的,大多不在于聪明蠢笨,而在于能否矢志不渝。※多湖辉(1926～):心理学家。出生于苏门答腊岛。

　凡人は不遇を嘆き、賢人は不遇に学び、達人は不遇を活かす。そして偉人は不遇をも楽しむ。※野村正樹(のむらまさき)(1944～2011):作家。兵庫県出身。

　コメント:不遇や不満は組織の中で自らを高める最大のチャンスです。

原文翻译

　　时运不济时,凡人感慨,贤人学习,达人活用,伟人享受。※野村正樹(1944～2011):作家。日本兵庫县人。

　この世で変わらないのは、変わるということだけだ。※ジョナサン・スウィフト(1667〜1745):作家、詩人。アイルランド人。

　コメント:常に変化していく流れに、柔軟に対応しながら成長しましょう。変わらなければ時代遅れになり対応できなくなる部分と、信念や軸として変わらずに持ち続けることを見極めていきましょう。

原文翻译

　　世上唯一不变的，就是变化。※乔纳森・斯威夫特(Jonathan Swift,1667〜1745):作家、诗人。英国爱尔兰人。

　あなたの環境は、あなたの心を映す万華鏡です。※ジェームズ・アレン。

　コメント:いま自分がいる環境は、自らが導いたものだと考えてみましょう。自分の力ではどうにもならないことに焦点を当てるのではなく、自分次第で変わることに焦点を当てて、望む環境を創りだしていきましょう。

解説
跟我来ついてこい

　「〜に焦点を当てる」慣用表達，意为"聚焦于……""把重心放在……"。

　　◇こういう事実に焦点を当てて、ちゃんと調べてください。/要把重点放在这个事实上仔仔细细地调查。

原文翻译

　　你所处的环境是一支万花筒，它映照出你的内心。※詹姆士・爱伦。

　一日を終えたら、その日とは手を切りなさい。明日は新しい日だ。明日をうまく始めなさい。※ラルフ・ワルド・エマーソン。

　コメント：毎日頭を切り換えて、新鮮な気持ちで一日をスタートしましょう。昨日のことを引きずっていたのでは、既にスタート時点で遅れていることになります。一日単位で全力疾走することを心がければ、それだけゴールにも早く到達できます。

解説
跟我来ついてこい

「手を切る」慣用語，意为"切手""断绝关系"。此处为后者的含义。
　◇その件とは完全に手を切りましたから、この以上に聞かないでください。/我已和那件事完全脱离了关系，所以别再问我了。

原文翻译

　　一天结束，跟这天说声"拜拜"。明天又是崭新的一天，崭新的一天就得崭新地开始。※拉尔夫・沃尔多・爱默生。

　すべての現象が変化します。あなたの感情も現れては消え、生まれては滅します。それは「まぼろし」であり、「かげろう」であり、実体はありません。だからあなたの心が怒りや憎しみや落ち込みや悔いに襲われても、「これは『まぼろし』である。『かげろう』である」と、取り合わないこと。そうすれば、向こうのほうから消滅していきます。※作者不詳。

　コメント：すべてのものは変化します。もちろん、あなた自身も、です。変化を恐れてはいけません。むしろ、それを楽しみとしなさい。今の自分に疑問や不安を感じたら、それは変化しなさいという心の声です。不安は未来へ

持ち歩く日本語

向かう原動力です。

原文翻译

万象皆变。感情缘起缘灭,生生死死。这便是"虚幻""无常",看不见,摸不着。所以,当你遭遇瞋怒、憎恨、消沉、后悔时,只需告诫自己"这些都是'虚幻'。这些都是'无常'"。无视之即可。如此一来,诸孽皆会自行自灭。※佚名。

他の人々が書いたものを読んで、自分自身を高めること。そうすれば、他の人々が苦労して到達した場所に、簡単に到達できる。※ソクラテス(紀元前469頃~紀元前399):哲学者。古代ギリシア人。

コメント:今まで知らなかったことを、知るだけでも確実な前進につながります。ある程度の知識は、本を読み、話を聞くことで、膨大な時間をかけなくても手に入れられます。既にあるものは積極的に利用していきましょう。

原文翻译

读他人之作可提升自我。如此一来,可轻而易举获得他人当时苦心孤诣之结果。※苏格拉底(Socrates,公元前469前后~公元前399):哲学家。古希腊人。

船は港にいれば安全だが、それでは船の用をなさない。※ケインズ。

コメント:今の自分の中にある枠を超えて、新たなことに挑戦していきましょう。安全で自分のできる範囲のことだけをやっていたのでは、それ以上に伸びることは難しいです。自分の枠をもっと広げていきましょう。

原文翻译

船泊港湾,安全无损,却非船之用途。※凯恩斯。

　使いたくない言葉は、「とりあえず」「どうせ」「もう」の三つの言葉だ。「とりあえず」は頭を鈍化させる言葉、「どうせ」は諦めの言葉、「もう」は手遅れを意味する言葉である。※作者不詳。

　コメント：人生で一番大事なことは何か、一つあげよと問われたら、私は躊躇なく「できない(やらない)理由を探すな」、と言いたいです。

原文翻译

　　不宜使用的辞汇有三："暂且""反正""已经"。"暂且"，才短思涩之语；"反正"，中道而止之言；"已经"，悔之晚矣之意。※佚名。

　地味なことを、地道に、これでもかこれでもかと徹底して積み重ねていくことでしか、他店との差別化を図ることはできません。奇策はどこにもないのです。※鈴木敏文。

　コメント：私たちも、再度、基本を大切にしていきましょう。

解説　跟我来ついてこい

　「これでもかこれでもか」惯用表达，意为"不厌其烦"，表示某种事物多得出人意料。翻译的时候要根据上下文灵活掌握。

　　◇あの若者はこれでもか、これでもかとネタを明かしてくれました。
　　/那个年轻人一个接一个地为我们揭开戏法的底儿。

原文翻译

　　踏踏实实、不厌其烦地将简单的事情进行到底，并不断积累经验，只有这样，才能与其他店铺拉开距离。除此以外没有其他妙计。※铃木敏文。

うまい役者は大成しない。ヘタな役者がヘタを受け入れる時、味が出る。
※中谷彰宏。

コメント:ゲーテ曰く、「我々の持っている天性で、徳となり得ない欠点はなく、欠点となり得ない徳もない」ですから、自分の長所にうぬぼれてはいけません。自分の短所に劣等感をもつ必要もありません。長所も短所も天与の個性、持ち味の一面だそうです。

 解説 跟我来ついてこい

「味が出る」慣用語,意为"有味""出彩"。
　　◇この小説は読めば読むほど味が出るそうです。/据说这部小说越读越有味。

原文翻译

　　演技好的演员不会有大成就,反倒是那些笨手笨脚之人在认识到自己这一缺陷之后大放异彩。※中谷彰宏。

我々が進もうとしている道が正しいかどうかを、神は前もって教えてくれない。※アルベルト・アインシュタイン。

コメント:やってみて、それが正しいのか、どう修正していけばよいのかを考えましょう。経験を重ねることで、進みながら判断し修正する技術を身につけていきましょう。実際に経験して身につけなければ、その能力は向上していきません。

原文翻译
　　上帝不会预先告知我们欲走的路是否正确。※阿尔伯特·爱因斯坦。

30

　　我々が利用できる資源のうちで、絶えず成長と発展を期待できる唯一のものは、人間の能力のみである。※ピーター・ドラッカー。
　　コメント：物や情報はコピーして誰もが同じように手にできる可能性がありますが、その人の持つ価値はコピーはできません。目に見えない価値を大事にしましょう。

原文翻译
　　在人类可利用的资源当中,唯一可以期待其不断成长和发展的,就是人的能力。※彼得·德鲁克。

31

　　ベストを尽くして打て。結果よければすべて良し。悪ければ忘れろ。
※ウォルター・ヘーゲン(1892～1969)：プロゴルファー。アメリカ人。
　　コメント：考えてばかりいないでとにかくやるべきことをやってください。人生とは頭で考えたり難癖(なんくせ)をつけたりして変わるようなものではありません。

解説
　　跟我来ついてこい
「難癖をつける」慣用語,意为"刁难""挑剔毛病"。
　　◇客は店の品にいろいろ難癖を付けて、値切ろうとしています。/客户想要砍价,对店里的东西找各种碴儿。

原文翻译

　　竭尽全力。结果好,皆大欢喜;结果不好,抛之脑后。※沃尔特·哈根(Walter Hagen,1892~1969):职业高尔夫球手。美国人。

　　テレビは非常に教育的なものだと思う。誰かがテレビをつけると私はいつも別の部屋に行って本を読むからだ。※グルーチョ・マルクス(1890~1977):コメディアン。アメリカ人。

　　コメント:貧乏脳(びんぼうのう)から逃れるにはテレビを消すだけでいいです。IQの高い人はテレビに付き合いません。テレビがダメなら、どんなメディアがいいのですか。当然の疑問ですが、その答えは「本」だと断言します。

原文翻译

　　我发现电视也是很有教育性的。因为每次只要有人打开电视,我就会走进另外一间房间去看书。※格劳乔·马克思(Groucho Marx,1890~1977):喜剧演员。美国人。

　　私は実にラッキーな人間で、要所要所(ようしょ)でツキが回ってくる。でも、単に運がいいというわけではない。社内外にも多くの友人がいて、それがツキを呼ぶ大きな原因になっている。※飯田庸太郎(いいだようたろう)(1920~2002):元三菱重工業(じゅうこうぎょう)社長。三重県出身。

　　コメント:「ツイてる!」といつもポジティブな言葉を言っている人は、脳が良い方に活性化するので、ますますツイてることを呼び込むようです。

原文翻译

　　我的确是个幸运儿,关键时刻总能逢凶化吉。当然,也并非单纯地运气好,

我在公司内外都有很多朋友,他们才是我的"好运神"。※饭田庸太郎(1920～2002):原三菱重工社长。日本三重县人。

君が流した涙がいつか花を育て咲かせて、君の目の前に広がるはずだから、君が乗り越えた壁はいつか君を守る盾となって、君をそばでいつまでも支えるだろう。※ケツメイシ(1993～):男性4人で構成される歌手グループ。

コメント:「ライフイズビューティフル」ですから、乗り越えた壁は私たちを守る盾となるのです。そもそも壁は乗り越えるためにあるものです。行き詰った時こそ、さらなる飛躍のチャンスです。

原文翻译

你流下的泪水终有一天会浇灌出美丽的花朵,绽放于你的眼前;你所跨越的障碍日后定会成为你坚实的盾牌,永远护佑你的左右。※决明子(1993～):男子四人组合。

笑顔を浮かべて苦しみを受け入れてください。笑顔は神が私たちに与える最も偉大な贈り物だからです。※マザー・テレサ。

コメント:笑えるのは人だけです。笑いの多い人生を過ごすか、そうでないかはあなた次第です。あなたの周りの人はあなたに笑いかけてくる人が多いですか。もう少し笑ったほうがいいかも知れません。

原文翻译

请微笑地接受痛苦。因为笑容是上帝赠予我们最伟大的礼物。※特蕾莎。

教育は結構なものである。しかしいつも忘れてはならない。知る価値のあるものは、すべて教えられないものだということを。※オスカー・ワイルド(1854～1900):劇作家。イギリス人。

コメント:経験することで得たものは、本人にとって大きな価値となります。それに対し、知識として教えられただけのものは、そこから自分自身で考え、学ぶ姿勢を持たなければ、その価値は高まってはいきません。

原文翻译

教育是件了不起的事。可是与此同时我们还必须时刻牢记:有价值的事物都不可能被全盘教授。※奥斯卡・王尔德(Oscar Wilde,1854～1900):剧作家。英国人。

ばい菌が病気ではない。その繁殖(はんしょく)を許す体が病気だと知るべきだ。
※石橋湛山(いしばしたんざん)(1884～1973):政治家。東京都出身。

コメント:周りの環境に影響されない、強い心と身体をつくっていきましょう。悪影響を及ぼすことは、どこにでも存在しています。それをどう防ぎ、抵抗できるか、自己管理について考えてみましょう。

原文翻译

我们要知道,细菌本身并不是疾病,允许他们繁殖滋生的身体本身才是疾病。※石桥湛山(1884～1973):政治家。日本东京人。

初めに結論を言え。理由は、三つに限定しろ。※田中角栄(たなかかくえい)(1918～1993):

政治家。新潟県出身。

　コメント:頭の中を整理して、簡潔 明瞭(かんけつめいりょう)に表せるようにしていきましょう。どのようにも解釈でき、責任を明確にしない表現をしていたのでは、決断力は身につきません。責任と決断力がなければ、信頼は得られません。

原文翻译

　首先说结论。理由不要超过三个！※田中角荣(1918～1993):政治家。日本新泻县人。

　済んだことは済んだことで、愚痴を言ってもはじまらない。愚痴を言えば前に進む力が減るだけでしょ。だから、愚痴を言うのは大嫌いなんです。愚痴や泣きごとを言う人も大嫌い。※小野田寛郎(おのだひろお)(1922～):自然塾塾長。和歌山県出身。

　コメント:愚痴や泣き言を言う人の周りには、愚痴や泣き言を言う人が集まります。愚痴や泣き言を止めれば、集まる人も変わります。愚痴や泣きごとが好きな人には、それを多く言わせる現象が降り注ぐでしょう。

「はじまらない」連语，意为"无济于事""白费"。

　　◇いまさらそんなこと言ったってはじまりません。/事已至此,说这些话也无济于事。

原文翻译

　结束了就结束了,抱怨无济于事。抱怨只会削减前进的力量。因此,我非常厌恶发牢骚,也非常讨厌发牢骚流泪诉苦之人。※小野田寛郎(1922～):自然塾塾长。日本和歌山县人。

予定調和を壊すということは、単に、奇を衒うということではありません。大切なのは、今まで普通だと思われてきたものを根本から疑い、結果的に、人々の心に響くものを作っていくことなのだと思います。※秋元康。

コメント:エンターテインメントの世界のみならず、創造的仕事をしている全ての人に求められる心得かも知れません。

 解説 跟我来ついてこい

「奇を衒う」慣用語,意为"标新立异""独出心裁"。

◇彼女はいつも奇を衒ったファッションで登場し、みんなを驚かせます。/她经常身着奇装异服,令大家吃惊。

原文翻译

打破现有的平和,并不是简单地标新立异。而是让人们从根本上怀疑至今为止都被认为是理所当然的事物,结果就会创造出震撼人心的事物,这才是最重要的。※秋元康。

初恋と最後の恋の違いを、ご存じ？初恋は、これが最後の恋だと思うし、最後の恋は、これこそ初恋だと思うもの。※トーベ・ヤンソン(1914～2001):作家。フィンランド人。

コメント:「命短し、恋せよ、乙女」。人生は短い。どんな恋でもいいから、恋を一つ一つ、大切にしましょう。それでも何より大切なのは、人生に恋することですね。何だって一回しかないのですから。

原文翻译

初恋和终生之恋区别何在,你知道吗?初恋是你认为"终生之恋"的恋爱,

终生之恋是你认为"这才是初恋"的恋爱。※朵贝·杨笙(1914～2001)：作家。芬兰人。

勉強とは自分の無知を徐々に発見していくことである。※ウィル・デュラント(1885～1981)：歴史学者。アメリカ人。

コメント：新しいことを勉強してると世の中は怖くありません。何もしないで、じっとしているから、怖くなるのです。だから、知らなかったことは、そのままにせず、知識として身につけていきましょう。知らないこと、分からないことがあった時に、どうするかでその先の成長が決まってきます。知らないことが多ければ、それだけ成長の可能性も大きいのです。

原文翻译

学习就是一个我们逐渐发现自己的无知的过程。※威尔·杜兰特(Will Durant,1885～1981)：历史学家。美国人。

私は地道に、学歴もなく、独学でやってきた。座右の銘というものではないが、「我以外皆師なり」と思っている。※吉川英治。

コメント：どんな人からでも学ぶところがあると思います。それができる人は、成就します。もう一つのコツがあります。つまり、速く学ぶためには、すでに成功している人を見つけることです。

 解説 跟我来ついてこい

「我以外皆師なり」谚语，意为"世人皆我师"。

◇「我以外は皆師」ですから、どんな人にもそれなりの知識を教わることができますよ。／"世人皆我师。"无论什么人都可以从他那儿获得

知识。

原文翻译

我没有学历，脚踏实地自学起家。我只是一直认为"世人皆为吾师"。当然，这算不得什么座右铭。※吉川英治。

その他

会いたき人あれば／一輪の花にも心ときめき／一羽(いちいちわ)の鳥にも胸を熱くす。※坂村真民。

コメント：恋をしている時は、何を見ても恋焦(こいこ)がれる人のことを思うものです。恋が必要な人は、年をとっても、それに似た気持ちを持てたほうが、若くいられます。それは、人に限らず、新しいものに対する期待、ときめきという意味でも。だから、何事にもそのときめきを大事にして生きていけば、老いることはありません。

原文翻译

心拥伊人，鲜花一朵也令人心潮澎湃，飞鸟一羽亦令人热血沸腾。※坂村真民。

子供の教育

子供は批判されて育つと、人を責めることを学ぶ。
子供は憎しみのなかで育つと、人と争うことを学ぶ。
子供は恐怖のなかで育つと、おどおどした小心者になる。
子供は憐れみを受けて育つと、自分をかわいそうだと思うようになる。
子供はばかにされて育つと、自分を表現できなくなる。
子供は嫉妬のなかで育つと、人を妬むようになる。

子供は引け目を感じて育つと、罪悪感を持つようになる。

子供は励まされて育つと、自信を持つようになる。

子供は辛抱強さを見て育つと、耐えることを学ぶ。

子供は褒められて育つと、人に感謝するようになる。

子供は静かな落ち着きのあるなかで育つと、平和な心をもつようになる。

子供は存在を認められて育つと、自分が好きになる。

子供は努力を認められて育つと、目標を持つようになる。

子供は皆で分け合うのを見て育つと、人に分け与えるようになる。

子供は正直さと公平さを見て育つと、真実と正義を学ぶ。

子供は親しみに満ちた雰囲気の中で育つと、生きることは楽しいことだと知る。

子供は安心感を与えられて育つと、自分や人を信じるようになる。

子供は周りから受け入れられて育つと、世界中に愛が溢れていることを知る。

※ドロシー・L・ノルト(1924〜2005):教育学者。アメリカ人。

コメント:この子は才能がないからとやめさせるようなことをしてはいけません。たとえ才能がなくても溢れる情熱があれば、破壊力や持続力が生まれてきます。

原文翻译

少儿教育

批评中长大的孩子,责难他人。

敌意中长大的孩子,喜欢吵架。

恐惧中长大的孩子,懦怯忧虑。

怜悯中长大的孩子,自怨自艾。

嘲笑中长大的孩子,个性羞怯。

猜忌中长大的孩子,容易妒忌。

羞耻中长大的孩子,自觉有罪。

鼓励中长大的孩子,深具自信。

宽容中长大的孩子，学会忍耐。
称赞中长大的孩子，懂得感恩。
沉稳中长大的孩子，懂得平和。
认可中长大的孩子，充满自信。
努力被认可的孩子，目标远大。
分享中长大的孩子，慷慨大方。
诚信中长大的孩子，理解真理。
公正中长大的孩子，极富正义。
尊重中长大的孩子，懂得尊敬。
亲切中长大的孩子，懂得快乐。
信赖中长大的孩子，懂得信任。
友善中长大的孩子，懂得关爱。

※多萝西・劳・诺尔蒂（Dorothy Law Nolte，1924～2005）：教育学家。美国人。

電車に乗ったとき、町を歩いているとき、買い物をしているとき、外食をしているとき…。ありとあらゆる場面でアンテナを張り巡らせ、旬なものや人々の気分などをキャッチしておくこと。そのストックが沢山あればあるほど、閃き力に磨きがかかる。※小出 宗昭（こいで むねあき）（1959～）：株式会社イドム代表取締役社長。静岡県出身。

コメント：情報は一カ所に数多くあるのではありません。あちこちに少しずつ散らばっています。そうした少しずつの情報を一点に集中させてみると、にわかに意味を帯びてきます。

 解説 跟我来ついてこい

1.「ありとあらゆる」连语,是「あらゆる」的强调形式。意为"所有""一起"。用于姑且不论其他,只强调某一点的场合。

◇科学者としては、ありとあらゆる可能性を追求するべきです。/作为科学工作者,应该探求一切可能性。

2.「アンテナを張る」惯用语,意为"伸出触角""布下耳目"。

◇彼はいろいろなブログにアンテナを張って、消費者のニーズを集めています。/他想方设法在各类博客上收集消费者的信息。

原文翻译

乘坐轻轨时,漫步街头时,买东西时,下馆子时……无时无刻都要注意撒开大网,将最新鲜的信息和人们的喜好尽收网中。收得越多,灵光闪现的可能性就越大。※小出宗昭(1959～):株式会社IDOMU总裁。日本静冈县人。

 47

強くなる13箇条

1. 何事も思っているほどは悪くない。朝になれば状況は良くなっている。
2. まず怒れ、そしてその怒りを乗り越えよ。
3. 自分の地位とエゴを同化させてはならない。でないと、立場が悪くなったとき、自分も一緒に落ちていく。
4. やればできる。
5. 選択には細心の注意を払え。それが現実になるかも知れない。
6. 良い決断をしたら、それを挫(くじ)くような事実にも挫折してはならない。
7. 誰かの代わりに選択することはできない。誰かに自分の選択をさせるべきではない。
8. 小さいことをチェックせよ。

9. 成果(手柄)を独り占めするな。
10. 常に冷静に、かつ親切であれ。
11. ビジョンをもち、自分に対してより多くを求めよ。
12. 恐怖心にかられて悲観論者のいうことに耳を傾けるな。
13. 常に楽観的であれば、力は何倍にもなる。

※コリン・ルーサー・パウエル(1937〜):政治家。アメリカ人。

コメント:あらゆる文字は、ラブレターとして読めます。人が書いて、人に伝える、人が読みとる。そこには、たいてい愛に似たものが、ほんのちょっとにしても、あるものですね。

原文翻译

强人13条

1. 事情并没有想象的那么糟。一觉醒来，一切都会好起来。
2. 大怒后要释怀。
3. 不要将自我意识同官职紧密联系，否则，当职位一落千丈时，你的自我也会随之分崩离析。
4. 做即能成。
5. 慎重选择。因为可能尔选尔获。
6. 勿让不利因素影响明智决策。
7. 不由己代人选，不许人代己择。
8. 注意细节。
9. 交洽无嫌。
10. 指顾从容，待人敦厚。
11. 高瞻远瞩，对己适当苛求。
12. 勿谬采恐惧，勿信悲者言。
13. 永恒的乐观可以使力量倍增。

※克林·卢浮·鲍威尔(Colin Luther Powell，1937〜):政治家。美国人。